JN413060

밥숟가락으로 만드는 야간매점 레시피

밥숟가락으로 만드는
야간매점 레시피

1판 4쇄 발행 2014년 11월 19일

지은이 | 이밥차 요리연구소
펴낸이 | 김선숙, 이돈희
펴낸곳 | 그리고책

주소 | 121-842 서울시 마포구 서교동 461-28 삭녕빌딩 1~2층
대표전화 | 02-717-5486~7 팩스 | 02-717-5427
이메일 | editor@andbooks.co.kr
홈페이지 | www.andbooks.co.kr
출판등록 | 2003.4.4 제 10-2621호

편집 책임 | 이정순
편집 진행 | 김아름, 이선미, 이미현, 안세은
요리 진행 | 노애리, 김단비
마케팅 | 남유진, 이교준, 김성규
경영전략 | 박진희, 조영은
교열 | 김혜정
푸드 스타일링 | 김정아
포토 | 이경섭(www.polypic.co.kr), 안재훈, 심윤석(Studio Sim), 김지훈(Food Story), 박형주(YUL Studio)
디자인 | designgongan42

값 9,800원
ⓒ 2013 그리고책

ISBN 978-89-97686-30-8 13590

All rights reserved. First edition Printed 2013. Printed in Korea.
· 이 책을 무단 복사, 복제, 전재하는 것은 저작권법에 저촉됩니다.
· 잘못 만들어진 책은 바꾸어 드립니다.
· 책 내용 중 궁금한 사항이 있으시면

그리고책(Tel 02-717-5487, 이메일 hunter@andbooks.co.kr)으로 문의해 주십시오.

밥숟가락으로 만드는 야간매점 레시피

이밥차 심야식당

이밥차가 만들어 더 쉽고 더 맛있는 야식!

이밥차 요리연구소 지음

그리고책
and books

이밥차 심야식당 오픈합니다

저녁은 먹었지만 왠지 출출해지는 야심한 시간. 다이어트를 생각한다면 꼬르륵 대는 배를 무시하고 바로 잠드는 게 좋겠지만 밤이면 더욱 커지는 식욕을 참기는 어렵죠? 라면을 끓여 먹자니 다음 날 탱탱 부을 얼굴이 걱정되고, 치킨이나 족발은 왠지 부담스러워요. 냉장고를 열었다 닫아도 딱히 메뉴가 떠오르지 않는다면 〈이밥차 심야식당〉과 함께 하세요!

일반적인 요리책에선 볼 수 없었던 야식 맞춤형 메뉴와 유명 맛집의 시그니처 요리들을 이밥차가 한 번 더 검증하고 따라 하기 쉽게 정리했어요. 여기에 이밥차 요리연구소가 직접 개발한 야식 메뉴들까지 더해 야식 배달 전단지보다 더 풍성하고 군침 도네요!

야식의 특징은 뭐니 뭐니 해도 뚝딱 만들기 쉽고, 조리도 간단해야하죠? 밤참 하나 만들기 위해 육수를 내고 지지고 볶을 수도 없고, 밤에 장보러 나가기도 좀 그렇잖아요. 〈이밥차 심야식당〉에서 소개하는 요리들은 조리 시간 10분 이내! 찬밥, 달걀, 치즈, 냉동 만두, 떡, 식은 고구마, 건빵, 참치캔, 스팸 등 우리집 냉장고나 찬장, 식탁 위에 있을 법한 재료들로 만들 수 있어요.

라면물이 끓기도 전에 완성되는 1분 요리, 카레 데우는 시간이면 충분한 3분 요리는 물론,
갑작스럽게 찾아온 손님에게 내놓아도 손색없는 5분, 7분, 10분 요리까지. 나만의 보물 같은
야식 레시피를 확보해 보자고요.

건강, 다이어트도 중요하지만 야식의 즐거움을 절대 포기할 수 없다면 스트레스 받지
말고 맛있게 만들어 보세요. 〈이밥차 심야식당〉 속 요리는 야식뿐만 아니라 식후 즐기는
간식, 주전부리로도 손색없답니다. 스팸돈부리부터 누룽지피자까지, 입이 궁금한 밤 이밥차
요리연구소의 레시피로 맛있는 밤참을 즐겨 주시길 바랍니다.

 이밥차 요리연구소

이밥차
심야식당

Part 1. 야식의 모든 것

Part 2. 후다닥 빠르지만 맛있게
1분 요리

Part 3. 3분카레 데우는 대신 멋지게 3분 요리

Part 4. 라면 끓이는 대신 뚝딱! 5분 요리

Part 5. 밤에는 나도 우리집 야식 요리사
7분 요리

Part 6. 친구들에게 자신있게 내놓는
10분 요리

Part 1.

야식의 모든 것

밤에 먹어 더 맛있는 야식!
훨씬 편하고 맛있게 만드는 법부터,
필수 재료와 야식 제대로 먹는 법까지 알차게 소개합니다.

1. 야식의 베프, 전자레인지

과거에는 전자레인지 없이 어떻게 살았을까? 음식을 데우는 것 외에 삶고 데치고 찌고 굽기까지. 전자레인지는 요리를 훨씬 쉽고 빠르게 해주는 매직박스라고 할 수 있다. 우리가 미처 알지 못했던 전자레인지 이용 노하우를 알아 두자.

· 간단하게 고구마 찌는 법
고구마를 흐르는 물에 씻은 다음 키친타월이나 종이를 이용해 1개씩 싸서 전자레인지에 넣어 크기에 따라 6∼10분간 가열한다. 촉촉한 고구마를 원한다면 고구마를 싼 키친타월을 물에 흠뻑 적신 후 전자레인지에 넣는다. 젓가락으로 찔러봤을 때 쏘옥 들어가면 맛있는 찐고구마 완성!

· 튀김 바삭하게 되살리기
튀김은 시간이 지나면 눅눅해져서 맛이 없게 된다. 이때 전자레인지에 키친타월을 깔고 튀김을 올려 돌리면 키친타월이 기름과 수분을 빨아들여 다시 바삭한 튀김을 맛볼 수 있다.

· 김 바삭하게 되돌릴 때
김 아래 키친타월을 깔고 전자레인지에 넣어 30초간 돌리면 김이 다시 바삭해진다.

· 콩나물 익힐 때
콩나물을 씻어서 물기가 있는 채로 비닐봉지에 넣어 2분간 전자레인지에서 돌리면 끓는 물에 데친 것과 같은 효과를 낼 수 있다. 버섯도 마찬가지. 버섯류는 2∼3분이면 가능하다.

· 바삭한 빵가루 만들기
전자레인지에 식빵을 넣고 1분 30초∼2분 30초 정도 돌리면 수분이 날아가 바삭해진다. 바삭해진 식빵을 손으로 비벼 부수면 손쉽게 빵가루가 완성된다.

· 콩을 빨리 불려야 할 때
갑작스레 불린 콩이 필요할 때는 그릇에 콩이 완전히 잠길 정도로 물을 붓고 랩을 씌우지 않은 상태에서 전자레인지에 5∼6분 정도 가열한다.

· 시금치 데칠 때
시금치는 다듬어 씻은 후 비닐에 넣어 2분 30초간 가열해 데치자. 시금치를 비닐에 넣을 때는 물기가 있는 채로 넣되 입구를 봉하지 않는 게 포인트.

· 베이컨 구울 때

그릇에 키친타월을 깔고 먹기 좋게 썬 베이컨을 올려
전자레인지에 2분간 돌린다. 이 방법을 쓰면 프라이팬에 구울
때보다 기름기 제거 효과가 높아 더욱 바삭하게 구워진다.

· 시럽을 만들 때

내열 용기에 설탕 ½컵과 물 1컵을 넣고
전자레인지에서 2분 30초간 가열한 뒤 럼주를
섞는다. 진한 농도의 시럽을 만들려면 설탕과 물을
1:1 비율로 넣으면 된다.

· 깨 볶을 때

깨끗이 씻어 물기를 제거한 참깨를 접시에 고르게
편 후 그대로 2분 정도 가열한다. 뒤적거려 다시
2분간 가열해 물기를 없애면 쉽게 볶은 깨를 만들
수 있다.

· 토마토 껍질 벗기는 비법

토마토에 십자로 칼집을 낸 후 내열 용기에
토마토를 담고 전자레인지에 2분간 가열해 껍질을
벗긴다. 이렇게 하면 뜨거운 열에 의해 수분이
증발하면서 껍질이 자연스럽게 벗겨진다.

· 라면 끓이기

내열 용기에 라면, 수프, 건더기를 모두 넣고 뜨거운 물을 적당량 부은 뒤
전자레인지에서 3~4분 돌리면 된다. 찬물을 넣을 경우 익히는 시간을
1~2분 정도 늘린다. 전자레인지가 도는 중간 한두 번 면을 뒤집어 주면
더 맛있어진다.

· 마늘을 깔 때

통마늘 꼭지 부분을 칼로 잘라낸 뒤 마늘을 접시에
펼치고 전자레인지에 뚜껑 없이 20초 정도 돌리면
쉽게 마늘 껍질을 깔 수 있다.

2. 야식이 더 맛있어지는 꼼수 노하우

전자레인지의 힘을 빌리지 않고도 요리 과정을 간편하면서 더 맛있게 하는 비결이 또 있다. 쉽게 맛있게 빠르게! 야식의 3대 모토를 충실히 따른 꼼수 노하우를 알아보자.

· 콩국수 만들 때

순두부 ⅓모와 우유 4컵을 믹서에 넣어 곱게 간 뒤 소금으로 간하면 간단하지만 고소한 콩국수 국물 완성!

우유 대신 무가당 두유를 사용해도 좋아요.

· 사이다 전천후 활용법

골뱅이무침 등 무침요리를 할 때 사이다를 넣으면 소금 농도 조절은 물론 텁텁함은 사라지면서 상큼달콤하게 무쳐진다. 깍두기를 담글 때 사이다에 소금을 넣고 무를 절이면 뉴슈가나 설탕을 사용하지 않고도 달달하고도 아삭한 깍두기를 만들 수 있다. 또한 집에 있는 허브티 티백을 사이다에 넣고 하루 동안 우려 주면 카페에 가지 않아도 특별한 아이스티를 마실 수 있다.

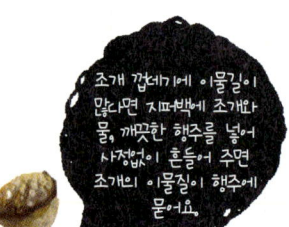

조개 껍데기에 이물질이 많으면 지퍼백에 조개와 물, 깨끗한 행주를 넣어 사정없이 흔들어 주면 조개의 이물질이 행주에 묻어요.

· 확실한 조개 해감 비법

봉골레 파스타나 조개찜 등 조개 요리를 먹을 때 모래 안 씹어 본 사람이 있을까? 그만큼 조개를 확실하게 해감하기가 쉽지 않다. 그럴 땐 소금 간을 약간 한 물에 조개를 담가 놓고 놋수저나 포크 같은 금속품을 함께 넣어 두면 된다.

· 튀김 바삭하게 튀기기

튀김을 바삭한 맛이 오래가게 하려면 튀김옷을 만들 때 녹말가루를 약간 넣는 게 좋다. 특히 육류를 튀길 경우에는 튀김용 기름 속에 넣기 전까지 냉장고에 넣어 차갑게 하면 맛있게 튀겨질 뿐만 아니라 모양이 잘 잡혀 먹기에도 좋다.

· 고구마 찔 때

잘 씻은 고구마를 전기밥솥에 넣고 물을 바닥이 자작할 정도로만 깔아주고 취사버튼을 누르면 끝! 고구마가 익으면 자동으로 보온 상태로 넘어간다.

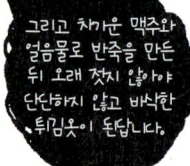

그리고 차가운 맥주와 얼음물로 반죽을 만든 뒤 오래 젓지 않아야 단단하지 않고 바삭한 튀김옷이 된답니다.

· 밥을 빨리 지어야 할 때

밥을 빨리 지어야 할 때 끓는 물을 부으면 밥이 되는
속도가 더 빨라진다.

· 밥이 설익었을 때

설익은 밥에 젓가락으로 구멍을 내 청주를 3스푼 정도
뿌리고 잠시 찌거나 뜸을 들이면 밥맛이 좋아진다.

· 간편하게 볶음밥 만들 때

핸드블렌더로 반찬을 갈아 찬밥과 함께 볶아 주면
간단하게 볶음밥이 완성된다. 칼, 도마, 그릇 등 설거지
거리가 줄고 시간도 세이브!

· 돼지갈비 양념과 토마토소스

한 번 쓰고 나면 많은 양이 남기 때문에 항상
처치곤란인 양념과 소스. 하지만 볶음밥이나
버섯채소조림에 잘 어울리니 써먹어 보자.

· 슈가파우더 만들기

총총 뿌리기만해도 음식의 때깔을 더 곱게 만들어 주는
슈가파우더! 설탕과 녹말가루를 95:5 비율로 믹서기에
넣고 3분 정도 갈면 쉽게 슈가파우더를 만들 수 있다.
단, 뚜껑을 바로 열면 안 된다. 2분 정도는 가루가
가라앉기를 기다렸다가 열어야 한다.

· 노른자와 흰자 빨리 분리하기

빈 그릇 위에 뒤집개를 올리고 그 위에 달걀을 깨면
노른자만 남고 흰자는 밑으로 걸러져서 흰자와
노른자가 쉽게 분리된다.

· 기름 덜 튀기며 고기 굽기

삼겹살이나 기름기 많은 고기를 구울 때 식빵을
조각내어 넣어 보자. 식빵이 기름을 흡수하면서 확실히
기름이 덜 튄다. 유통기한이 임박하거나 지난 식빵이
있다면 하루 이틀은 버리지 말고 써먹어 보자.

3. 없으면 아쉬운 야식 필수 재료

집에 없으면 아쉬운 야식 재료들을 모았다. 필수 야식 재료가 되기 위한 첫 번째 조건은 바로 조화다. 여러 재료와 잘 어울리면서 얼마나 맛을 잘 내주느냐가 포인트. 두 번째는 보관성이다. 쉽게 상하지 않으면서 유통기한이 긴 통조림 제품이 제격이다.

· 건빵
그냥 우유에 말아 먹어도, 잘게 부숴 빵처럼 구워
먹어도, 식용유에 튀겨 설탕 솔솔 뿌려 먹어도 맛있는
건빵! 출출한 밤 담백하고 부담 없는 건빵 야식을
위해서라면 집에 한 봉지쯤 구비해 놓는 게 좋다.

· 곤약(우무)
골뱅이무침 등 무침 요리에 소면 대신 곤약 사리를
비벼 먹으면 칼로리가 확 줄어든다. 쫄깃하고
부들부들한 식감은 덤! 이밖에도 떡이나 소면을 대신해
곤약을 넣어 먹을 수 있는 요리가 무궁무진하다.
곤약냉채, 곤약샐러드, 곤약떡볶이, 곤약카나페 등이
있다. 살 때 유통기한을 잘 살피자.

· 시판 토마토소스
토마토소스의 쓰임은 파스타 외에도 정말 다양하다.
라면과 섞으면 색다른 볶음면을 만들 수 있고
풍미가 깊은 토마토 수프, 그리고 간단한 피자빵까지
쉽게 만들 수 있다.

· 라면
수프는 수프대로 면은 면대로 다양한 요리에 쓸 수
있다. 각종 볶음면과 라면땅은 물론 요새 유행하는 2개
라면을 섞어 끓이기까지! 역시 라면은 진리다.

· 스팸

스팸 주먹밥, 스팸 돈부리, 스팸 스테이크, 스팸찌개
등등 지금도 스팸을 활용한 다양한 요리가 개발
중이다. 통조림 햄은 보관하기도 편하고 맛도 잘 나와
양념의 염분 조절만 잘 한다면 좋은 야식 재료가 될
것이다.

· 크림수프 가루

오밤중 갑자기 느끼한 카르보나라가 당긴다. 그런데
집에 생크림은 당연히 없다! 유통기한도 짧아
보관하기가 까다롭다. 그럴 땐 크림수프 가루가 답이다.
크림수프 가루와 우유를 넣고 적당히 농도를 맞추며
끓이면 가격대비 훌륭한 크림소스를 만들 수 있다.

· 치즈

슈레드 모차렐라치즈나 슬라이스 체다치즈는 호불호가 강하지
않고 대부분의 요리에 잘 어울린다는 장점이 있다. 치즈를
넣으면 맛은 더 좋아지고 풍미도 깊어진다. 치즈에는
지방이 함유되어 있지만 소화되기 쉽게 유화되어 있고 치즈 속
비타민 B_2 작용에 의해 지방은 쉽게 연소된다고 한다.

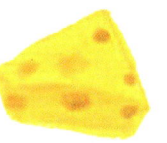

· 닭 가슴살

닭 가슴살은 이제 동네 슈퍼에서도 쉽게 살 수 있다.
바로 닭가슴살 캔 덕분! 지방질은 적고 단백질은 풍부해
다이어트에 그만인 닭 가슴살은 보관하기도 좋고
유통기한도 길어 완벽한 야식 재료가 된다. 각종 볶음
요리와 샐러드 등 다양하게 쓸 수 있다.

4. 야식, 알고 먹자

야식 먹고 살이 안 찔 수는 없다. 대신 매일 참기만 하는 것도 엄청난 스트레스가 될 수 있다. 야식을 참을 수 없다면 '똑똑하게' 먹어야 한다. 야식 잘 먹는 법에 대해 알아보자.

1. 슴슴하게 먹기

자기 전에 짭짤한 음식을 먹으면 다음날 퉁퉁 붓게 되는 것은 당연하다. 수면 중에는 땀이나 체수분의 분비가 최소화 되어 몸에 수분이 정체해 있기 때문이다. 이때 수분을 끌어당기는 염분을 섭취하면 얼굴이 보름달이 되는 것은 시간문제. 따라서 야식을 먹더라도 간을 슴슴하게 해서 먹는 게 현명하다. 아니면 우유를 마시는 것도 좋은 방법이다. 우유의 칼슘과 칼륨 성분이 염분을 몸 밖으로 배출하는 데 도움이 된다.

2. 천천히 먹고 과식하지 않기

급하게 먹으면 소화는 더욱 안 될 뿐더러 포만감을 뒤늦게 느끼기 때문에 과식할 가능성이 높다. 누가 뒤쫓아 오지 않으니 여유를 갖고 천천히 맛을 음미하자. 또한 맛있다고 과식하게 되면 소화가 잘 되지 않고 잠도 깊게 못자 다음날 컨디션에 영향을 미치니 조심하자.

3. 잠들기 '직전'에는 먹지 않기

적어도 잠자리에 들기 30분에서 1시간 전에는 먹지 않는 게 좋다. 자는 도중에 위가 운동을 하면 숙면을 취하지 못한다. 또한 미처 소화되지 않은 음식물이 위에 남아 있을 경우엔 위가 상할 수 있다.

4. 야식 먹고 운동?

야식을 먹은 후 살찔까 봐 후회하며 과도하게 운동하는 사람들이 있다. 먹은 게 채 소화가 되지 않았는데 과한 운동을 하면 구토를 하거나 배가 아플 수 있다. 또한 자기 직전의 운동은 우리 몸의 교감 신경을 활성화시켜 숙면을 취할 수 없게 한다. 운동은 잠자기 최소한 2시간 전에 끝내야 한다. 대신 적절한 스트레칭은 소화뿐만 아니라 숙면에도 좋다.

5. 야식증후군 경보

'야식증후군(Night Eating Syndrome)'은 1955년 미국의 앨버트 스턴커드 박사가 처음으로 발표한 질환이다. 야식 섭취가 비교적 자주, 주기적으로 반복될 때 생길 수 있고 야식으로 인한 후유증이 있을 때 야식증후군이라 부른다. 의학적 정의로는 하루 전체 칼로리 섭취량이 저녁 7시 이후에 50% 이상 집중되는 식습관을 지속적으로 유지하는 것이다. 야식증후군이 위험한 것은 야식이 보통 고칼로리, 고지방 음식이라는 데 있으며 단기적으로는 수면을 방해할 뿐 아니라 장기적으로는 혈관 건강을 위협한다. 을지대병원 가정의학과 연구에 의하면 한국인의 10% 정도가 이 증상을 보인다고 한다.

6. 야식증후군 예방과 해결책

하루 세 끼 식사를 규칙적으로 먹고, 특히 아침 식사는 반드시 거르지 않아야 한다. 점심 식사는 탄수화물을 풍부하게 섭취하고, 저녁 식사는 소화가 잘 되도록 가볍게 먹은 뒤 잠들기 전에는 음식물을 섭취하지 않는 것이 최선이다. 그러나 밤에 자다가 먹기 위해 잠을 깨는 경우라면, 저녁 식사 때 위가 부담스럽지 않을 정도로 든든히 먹는 것이 오히려 낫다.

5. 이밥차표 친절한 계량법

가루

설탕(1)

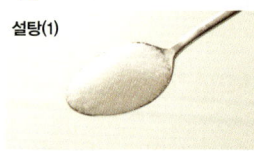

숟가락으로 수북이 떠서 위로
볼록하게 올라오도록 담아요.

설탕(0.5)

숟가락의 절반 정도만 볼록하게
담아요.

설탕(0.3)

숟가락의 ⅓ 정도만 볼록하게 담아요.

다진 재료

다진 마늘(1)

숟가락으로 수북이 떠서 꼭꼭 담아요.

다진 마늘(0.5)

숟가락의 절반 정도만 꼭꼭 담아요.

다진 마늘(0.3)

숟가락의 ⅓ 정도만 꼭꼭 담아요.

장류

고추장(1)

숟가락으로 가득 떠서 위로 볼록하게
올라오도록 담아요.

고추장(0.5)

숟가락의 절반 정도만 볼록하게
담아요.

고추장(0.3)

숟가락의 ⅓ 정도만 볼록하게 담아요.

액체 양념

간장(1)

숟가락 한가득 찰랑거리게 담아요.

간장(0.5)

숟가락의 가장자리가 보이도록 절반
정도만 담아요.

간장(0.3)

숟가락의 ⅓ 정도만 담아요.

종이컵으로 분량 재기

육수(1컵=180ml) 종이컵에 가득 담아요.

육수($\frac{1}{2}$컵=90ml) 종이컵의 절반만 담아요.

밀가루(1컵=100g) 종이컵에 가득 담아 윗면을 깎아요.

다진 자투리채소($\frac{1}{2}$컵) 종이컵의 절반만 담아요.

눈대중으로 분량 재기

양파($\frac{1}{4}$개=50g)

무(1토막=150g)

대파(10cm)

브로콜리($\frac{1}{2}$송이)

베이컨(1줄)

손으로 분량 재기

스파게티(1줌=1인분) 엄지손가락을 펴고 검지손가락을 엄지손가락 마디에 닿게 구부려서 쥐어요.

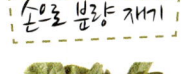

시금치(1줌) 손으로 자연스럽게 한가득 쥐어요.

콩나물(1줌) 손으로 자연스럽게 한가득 쥐어요.

그 외 알아두기

약간 소금이나 후춧가루 등을 엄지와 검지로 살짝 찝은 정도예요.
필수 재료 음식을 만들기 위해서 꼭 필요한 재료를 말해요.
선택 재료 있으면 좋지만 기본적인 맛을 내는 데는 크게 영향을 끼치지 않는 재료를 말해요. 다른 비슷한 재료로 바꾸거나 생략이 가능해요.
양념 다진 마늘, 간장, 고추장, 식초, 설탕 등 요리의 맛을 내기 위해서 쓰이는 재료를 말해요.

'+'표시의 의미

양념장, 소스, 드레싱
음식을 만들기 전에 미리 섞어 놓으면 좋은 양념이에요. 미리 섞어 두면 숙성되면서 맛이 어우러져 더 깊은 맛을 내거든요. 재료에 +로 표시되어 있다면 미리 섞어두세요.

Part 2.

후다닥 빠르지만 맛있게!
1분 요리

요리하는데 1분밖에 걸리지 않지만
1시간 만든 것 같이 맛있는 초간단 요리예요.
출출하거나 입이 심심할 때 후다닥 해먹기 좋아요!

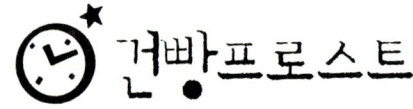 건빵프로스트

건빵과 우유의 필연적 만남

딱딱할 줄 알았던 건빵의 부드럽고 구수한
맛에 놀라게 될 거예요. 가끔 씹히는
달콤한 별사탕은 보너스!

 1인분

필수 재료
건빵(1컵), 우유(1½컵)
선택 재료
별사탕(적당량)

1 건빵을 굵게 부수고,

2 볼에 부순 건빵과
별사탕을 넣고,

3 우유를 부어 마무리.

🕐 스모어

캠핑장에서만 먹으란 법 있나요?

✍ *some more!*

너무 맛있어서 더 달라고 말하게 돼요.

1 판초콜릿은 작게 조각내고.

🌙 1인분

필수 재료
판초콜릿, 크래커(4개)
($\frac{1}{4}$개=8g), 마시멜로(2개)

2 반으로 쪼갠 크래커에
　초콜릿과 마시멜로를 올린
　뒤 나머지 크래커로 덮고.

3 전자레인지에 10초간 돌려
　초콜릿과 마시멜로가
　녹으면 지그시 눌러 마무리.

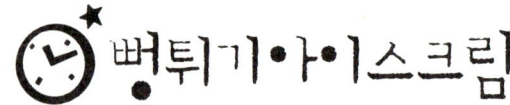

뻥튀기 아이스크림

의외로 우린 잘 어울려요

부산 도날드즉석떡볶이의
뻥크림이 원조라죠. 바삭한 뻥튀기가
달콤한 아이스크림의 맛을 두 배로
만들어요!

 **1인분**

필수 재료
원형 뻥튀기(1장),
아이스크림(⅓컵)

1 뻥튀기는 반으로
자르고,

2 한쪽 뻥튀기에
아이스크림(⅓컵)을
얹고,

3 나머지 뻥튀기로
덮어 마무리.

곤약물냉면

착한 칼로리 착한 맛!

새콤달콤 시원한 저칼로리 곤약냉면으로
출출함을 달래요.

🌙 1인분

필수 재료
실곤약(1봉=200g),
시판 물냉면육수(1봉=330g)

선택 재료
채 썬 오이(적당량)

다진 김치를
얹어도 좋아요.

1 실곤약은 끓는 물에 15초
정도 데쳐 찬물에 헹궈
물기를 빼고.

2 시판 물냉면육수를 붓고 채
썬 오이를 얹어 마무리.

콩고물밥

달콤 고소 짭조름!

어린 시절 시골 할머니가 조물조물
만들어 주신 고소한 추억의 맛.
자꾸만 손이 가요.

 **1인분**

필수 재료
콩가루(⅓컵), 밥(1공기)
양념
설탕(0.7), 소금(0.2), 참기름(1)

미숫가루를
이용해도
좋아요.

1 콩가루와 설탕(0.7)을 섞고,

2 밥에 소금(0.2), 참기름(1)을
넣어 잘 섞고,

3 먹기 좋은 크기로 빚어
콩고물을 묻혀 마무리.

달콤하구마

고구마와 바닐라 아이스크림의 만남

부드러움과 달콤함이 한입 가득,
행복해지는 맛이에요.

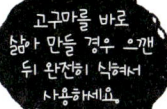
고구마를 바로
삶아 만들 경우 으깬
뒤 완전히 식혀서
사용하세요.

1인분

필수 재료
삶은 고구마(1개),
바닐라 아이스크림(1컵)

선택 재료
초코시럽(1),
아몬드 슬라이스(1)

1 삶은 고구마는 껍질을 벗겨
으깨고,

2 바닐라 아이스크림에 으깬
고구마를 섞고,

3 초코시럽과 아몬드
슬라이스를 뿌려 마무리.

내맘대로빙수

비싼 팥빙수 부럽지 않아요

1분 만에 뚝딱!
3천 원으로 넉넉하게 먹을 수 있는
초간단 빙수예요.

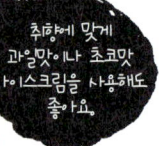
우유얼음은 미리
냉동실에서 얼려
준비하세요.

🌙 **1인분**

필수 재료
우유얼음(1½컵),
팥아이스크림(비비빅 1개)
선택 재료
미숫가루(0.5), 인절미(1개)

1 우유얼음을 포크로
부수고,

2 팥아이스크림을
큼직하게 토막 내
우유얼음에 넣고,

3 미숫가루와 작게 썬
인절미를 올려
마무리.

취향에 맞게
과일맛이나 초코맛
아이스크림을 사용해도
좋아요.

치즈참치토스트

큐브참치 위에 치즈가 사르르

일반 참치가 아닌 큐브참치라
모양도 살고 식감도 좋아요.
참치와 치즈의 조합에 엄지가 척!

🌙 1인분

필수 재료
식빵(1장), 큐브참치($\frac{1}{2}$캔=80g),
슬라이스 체다치즈(1장)
양념
마요네즈(0.7)

1 식빵에 마요네즈(0.7)를
바르고.

2 기름을 뺀 큐브참치를
듬성듬성 올리고.

3 슬라이스
체다치즈를 올린 뒤
전자레인지에서 30초
정도 돌려 치즈가 녹으면
마무리.

파슬리가루를
뿌려도
좋아요.

검은깨미숫가루

간단하게 만든 건강음료!

입 안에서 톡톡 터지는 검은깨가
미숫가루에 고소함을 더하네요.

1인분

필수 재료
미숫가루(2), 검은깨(1),
두유(1팩=190ml)

양념
꿀(1)

1 물(½컵)에
미숫가루를 넣어
덩어리 없이 섞고.

2 물에 섞인
미숫가루에 검은깨와
두유를 섞고.

3 꿀(1)로 단맛을 맞춰
마무리.

당이 첨가된 두유를
사용할 경우 꿀은
생략해도 좋아요.

고추참치토스트

고추참치 한 캔만 있으면 뚝딱

고추참치의 매콤한 감칠맛이 담백한
식빵과 잘 어울려요.

🌙 **1인분**

필수 재료
통조림 고추참치(작은 것 1캔=100g),
식빵(1장), 슈레드 모차렐라치즈($\frac{1}{3}$컵)

물기가 많으면
식빵이 눅눅해져 식감이
좋지 않아요.

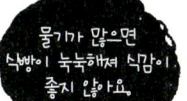

1 통조림 고추참치는 체에
받쳐 기름기를 빼고.

2 식빵에 고추참치와 슈레드
모차렐라치즈를 올리고.

3 전자레인지에
40초 정도
돌려 치즈가
녹으면
마무리.

170℃로 예열한
오븐이나 토스터에서
노릇하게 구워도
좋아요.

033

Part 3.

3분카레 데우는 대신 멋지게
3분 요리

3분카레 데워 먹을 시간에
뚝딱 만들 수 있는 맛있는 밤참을 소개해 드릴게요.
의외의 재료 궁합에 맛까지 더불어 있어 요리할 맛 나네요!

콘치즈

기름지고 고소한 간식이 당기는 날

횟집에 가면 두 접시는
뚝딱 하게 되는 콘치즈!
만들기 쉬워서 더 좋아요.

🌙 1인분

필수 재료
통조림 옥수수(1캔=198g), 양파(⅓개), 슈레드 모차렐라치즈(½컵)

선택 재료
블랙올리브(3개), 파슬리가루(약간)

양념
설탕(0.3), 마요네즈(1.5), 소금(약간)

국물(은)은 남겨두세요.

1 통조림 옥수수는 체에 받쳐 물기를 빼고,

2 양파는 곱게 다지고, 블랙올리브도 얇게 썰고,

남겨둔 옥수수 국물(은)도 함께 넣어요.

3 옥수수, 양파, 블랙올리브와 **양념**을 버무려 그릇에 담고,

팬에서 약한 불로 익혀도 좋아요.

4 치즈를 뿌린 뒤 랩을 씌워 전자레인지에서 3~4분 정도 돌려 치즈가 녹으면 파슬리가루를 뿌려 마무리.

마늘종토마토꼬치

마늘종의 맛있는 변신

상큼한 방울토마토에 부드러운 크림치즈,
아삭한 마늘종을 더했더니 매력적인
에피타이저가 탄생했어요!
와인 안주로도 안성맞춤이에요.

4개 분량

필수 재료
방울토마토(4개), 크림치즈(2),
마늘종(10cm×4대)
드레싱
발사믹식초(0.5)+올리고당(0.3)+
올리브유(2)+소금(약간)

1 방울토마토는
꼭지를 뗀 뒤
반대쪽에 열십자로
칼집을 넣어 안에
크림치즈를 채워
넣고,

2 마늘종은 10cm
길이로 자르고,

3 방울토마토
꼭지 부분에
마늘종을 끼워 넣고
드레싱을 곁들여
마무리.

꼭지에
젓가락으로 살짝
구멍을 낸 뒤 끼우면
잘 들어가요.

마늘종의 아린 맛이
싫다면 끓는 물에 소금
(약간)을 넣고 살짝 데쳐
찬물에 식혀
사용하세요.

038

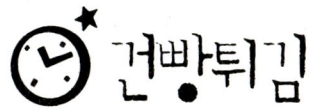 건빵튀김

사나이 아니어도

바삭한 건빵 한입 깨어 물면
추억이 오독오독~

 1인분

필수 재료
건빵(2컵)
선택 재료
계핏가루(0.1)
양념
설탕(0.3), 소금(약간)

1 팬에 식용유(2.5)를 두른 뒤 중간 불로 달구고 건빵을 넣어 노릇하게 색이 나도록 볶고.

2 설탕(0.3)과 소금(약간)을 뿌려 재빨리 섞어 가며 볶고.

3 불을 끄고 계핏가루를 뿌려 마무리.

우유설기찜

봄처럼 포근한 맛

냉동실을 차지하고 있던 백설기를 꺼내
우유만 더했을 뿐인데! 간단함에 반하고,
부드럽고 달콤한 맛에 한 번 더 반하게 되네요.

🌙 1인분

필수 재료
백설기(1컵=100g), 우유(½컵)

양념
꿀(1), 소금(약간)

샐러드 재료
샐러드채소(1줌), 올리브유(1), 허브솔트(약간)

백설기에 소금, 설탕이 들어 있으니 맛을 보고 꿀과 소금은 조절해서 넣어요.

1 백설기는 작게 토막 내 전자레인지용 그릇에 담고,

2 우유를 부어 랩을 씌운 뒤 구멍을 내 전자레인지로 1분 30초 정도 데우고,

3 꿀(1)과 소금(약간)을 넣어 섞고,

샐러드채소는 집에 있는 다양한 채소를 활용해 보세요.

4 샐러드채소에 올리브유(1)와 허브솔트(약간)를 넣어 버무리고,

5 설기찜에 샐러드를 곁들여 마무리.

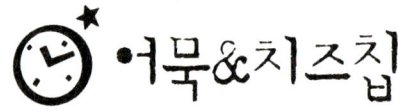 어묵&치즈칩

와인 안주로도 좋은

간단하게 만드는 수제 칩, 바삭한 식감에
자꾸만 손이 가요.

 1인분

필수 재료
어묵(1장), 슬라이스 체다치즈(1장)

1 어묵은 먹기 좋은
크기로 썰고,

2 슬라이스 체다치즈도
4등분하고,

치즈는 그릇에
달라붙으니 꼭
유산지 위에
올려서 구워요.

3 어묵과 치즈를
접시에 담고
전자레인지에서 2분
30초~3분간 돌려
한 김 식혀 마무리.

전자레인지에서 꺼낸
뒤 살짝 식어야 더욱
바삭해요.

달걀간장밥

엄마가 만들어 준 추억의 맛

노른자를 터트려 쓱쓱 비벼 먹으면
고소함이 한입 가득!

1인분

필수 재료
달걀(1개), 밥(1공기)
선택 재료
김가루(적당량)
양념
간장(0.7), 참기름(1), 통깨(약간)

취향에 맞게
송송 썬 김치나
다진 단무지를
올려도 좋아요.

1 달군 팬에 식용유(1)를
두르고 달걀을 올려
반숙으로 프라이하고,

2 밥에 **양념**을
넣어
비비고

참기름 대신
버터(0.5)를 넣어
뜨거운 밥과 섞어도
좋아요.

3 밥 위에 김가루와
달걀 프라이를 올려 마무리.

043

토마토달걀볶음

한밤중에 떠나는 중국 여행

중국에서 즐겨 먹는다는 영양 반찬 겸
간식이에요. 칼로리는 걱정하지 마세요!

1인분

필수 재료
토마토(1개), 달걀(2개)

선택 재료
우유(¼컵)

양념
맛술(1), 간장(0.5), 소금(약간), 후춧가루(약간)

우리가 더 알고 싶은 오일 이야기 ❶

담백한 맛을 내려면?
백설 포도씨유

100% 프랑스산으로 와인 재배지에서 엄선된 포도씨로만 만들었다. 건강에 도움을 주는 불포화 지방산인 리놀레산이 70% 함유되어 있어 더욱 좋다. 맛과 향이 담백해 양념이 강하지 않은 요리에도 잘 어울린다.

맛술이 없다면 청주(0.3)나 다진 마늘(0.3)을 넣어 달걀 비린내를 제거하세요.

1 토마토는 큼직하게 썰고,

2 달걀은 **양념**을 넣어 곱게 풀고,

3 달걀물은 우유와 섞고,

4 팬에 식용유(2)를 두른 뒤 달걀물을 부어 젓가락으로 저어 가며 볶고,

5 달걀이 반숙으로 익으면 토마토를 넣어 조금 더 볶아 마무리.

김치쌈밥

한입에 쏙

아삭한 김치와 고소한 참기름의 환상 조합!

1 밥은 **양념**에 비비고,

1인분

필수 재료
밥(1공기), 배추김치(3~4장)

양념
소금(0.1), 참기름(1),
검은깨(0.3)

2 김치는 물에 헹궈 물기를 꼭
짠 뒤 길게 반 가르고,

3 밥을 한입 크기로 뭉친 뒤
김치로 감싸 마무리.

오이게살무침

상큼하게 즐겨요

쫄깃한 게맛살에 오이와 사과를 넣어
아삭함을 더했어요.

1인분

필수 재료
오이($\frac{1}{2}$개), 게맛살(2개)

선택 재료
사과($\frac{1}{4}$개), 머스터드소스(0.3)

양념
설탕(0.3), 식초(0.3), 마요네즈(1.2)

1 오이는 길고
얇게 썰고,

모닝빵을
반 갈라 속으로
넣어 샌드위치를
만들어도 좋아요.

2 사과와 게맛살도 오이와
비슷한 크기로 썰고,

3 모든 재료에 **양념**과
머스터드소스를 넣고
가볍게 버무려 마무리.

조랭이떡맛탕

통인시장 원조 할머니의 간장기름떡볶이를 위협하는

노릇하게 구운 조랭이떡에
고소한 참기름과 달콤한 꿀을 더했더니
최고의 간식이 되었네요.

🌙 1인분

필수 재료
조랭이떡(1컵)

선택 재료
검은깨(약간)

양념
간장(0.5), 꿀(1), 참기름(0.5)

떡이 딱딱하다면 끓는 물에 살짝 데쳐 사용해요.

1 달군 팬에 식용유(1)를 두르고
조랭이떡을 넣어 약한 불로 볶고.

2 노릇하게 익으면 간장(0.5)을 넣어
재빨리 저어 볶고.

꿀 대신 올리고당을 사용해도 좋아요.

3 간이 배면 꿀(1)을 넣어 버무리고.

4 불을 끄고 참기름(0.5)과
검은깨(약간)를 넣고 살짝 버무려
마무리.

049

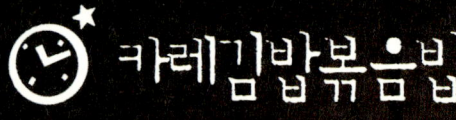

카레김밥볶음밥

김밥 헤쳐모여!

차갑게 굳은 김밥에 카레가루를 더하면
마법가루를 뿌린 듯 근사한 볶음밥으로 변신해요!

필수 재료
김밥(1줄)
선택 재료
마늘(2쪽)
양념
카레가루(1), 후춧가루(약간)

1 마늘은 얇게 썰고,

2 카레가루(1)는 물(2)과 섞고,

3 팬에 식용유(2)를 두른 뒤 약한 불로 마늘을 볶아 향을 내고,

4 김밥을 넣어 주걱으로 부숴 가며 중간 불로 볶고,

5 물에 갠 카레와 후춧가루(약간)를 넣어 섞은 뒤 간이 배도록 조금 더 볶아 마무리.

김치오야코동

퓨전 닭고기덮밥

김치를 넣었더니 느끼함은 줄고 씹는 맛은
배가 되었어요.

☽ 1인분

필수 재료
김치(⅓컵), 통조림 닭 가슴살(작은 것 1캔=90g), 달걀(1개), 밥(1공기)

선택 재료
양파(⅛개)

양념장
간장(1.5)+사이다(2)+참기름(0.3)+후춧가루(약간)

사이다 대신 물(2)과 설탕(0.5)을 섞어 사용해도 좋아요. 청주나 맛술(0.5)을 추가하면 닭 가슴살의 누린내를 없앨 수 있어요.

1 양파는 곱게 채 썰고, 김치는 물에 헹궈 물기를 꼭 짠 뒤 곱게 채 썰고,

2 통조림 닭 가슴살은 체에 밭쳐 물기를 제거하고,

3 달걀은 거칠게 풀고, **양념장을** 만들고,

랩을 씌워 구멍을 내주세요.

4 그릇에 밥을 담고 양파와 김치, 닭 가슴살을 고루 얹고,

5 양념장을 뿌리고 달걀물을 부은 뒤 전자레인지에 1분 30초 정도 돌려 마무리.

만두비빔밥

만두의 변신은 무죄!

김이 솔솔~ 따뜻하게 데운 만두와 밥의 조화.
보기만 해도 든든해요.

1인분

필수 재료
만두(4개), 밥(⅔공기)

선택 재료
단무지(1장)

양념
간장(1), 참기름(0.5)

1 만두는 전자레인지에 2분간 돌려 데우고,

2 단무지는 작게 썰고,

3 볼에 뜨거운 밥과 만두를 넣고 숟가락으로 으깨 가며 비비고,

4 단무지를 넣어 섞고,

5 간장(1)과 참기름(0.5)으로 간해 마무리.

피자모닝빵

밤에 먹는 맛난 '모닝'빵

간편하게 만들어 먹는
귀여운 미니피자예요.

◖ 4개 분량

필수 재료
모닝빵(4개), 비엔나소시지(4개), 슈레드 모차렐라치즈($\frac{1}{3}$컵)

선택 재료
통조림 옥수수(2)

양념
시판 토마토소스(2), 마요네즈(1)

1 모닝빵은 윗면에 열십자로(+)
  칼집을 내 손으로 눌러 가운데
  공간을 만들고,

2 비엔나소시지는 반으로 길게
  자르고,

3 빵에 통조림 옥수수,
  시판 토마토소스(0.5), 소시지,
  슈레드 모차렐라치즈를 채우고,
  마요네즈를 살짝 뿌리고,

파슬리가루를
뿌려도
좋아요.

4 전자레인지에 1~2분 정도 돌려
  치즈가 녹으면 마무리.

두부카프레세

상큼담백한 웰빙샐러드

저칼로리 샐러드, 이제 밤마다 굶주린 배
부여안고 울지 않겠죠?

1인분

필수 재료
두부(⅓모=150g), 토마토(1개), 새싹채소(1줌)

간장소스
간장(1)+식초(0.7)+올리고당(0.5)+참기름(0.3)+부순 통깨(0.5)

우리가 더 알고 싶은 오일 이야기 ❷
산뜻한 맛을 내려면?
백설 올리브유

기존 제품 대비 더욱 엄선된 품종으로 만들어 쓴 맛은 줄이고 올리브유 특유의 맛과 향은 더 살아났다. 풍부한 맛과 섬세한 향 덕분에 샐러드와 빵에 안성맞춤! 파스타 등 가벼운 볶음요리에도 잘 어울린다.

참기름 대신
올리브유(1)를
사용해도
좋아요.

1 간장소스는 섞고,

생식용 두부를
사용해도
좋아요.

2 두부는 끓는 물에 데치고 납작하게 썰어 물기를 제거하고,

3 토마토는 동그랗고 얇게 썬 뒤 키친타월에 올려 물기를 빼고,

4 그릇에 두부와 토마토를 번갈아 가며 돌려 담은 뒤 새싹채소를 가운데에 담고 간장소스를 뿌려 마무리.

059

스트링치즈롤

쫄깃 달콤

치즈 특유의 향이 적어 부담 없어요.
남녀노소 누구나 맛있게 먹을 수 있는 메뉴예요.

🌙 1인분

필수 재료
우유식빵(2장), 스트링치즈(1개)
양념
과일잼(1), 땅콩버터(1.5)

스트링치즈는
비숙성치즈라 냄새가 없고
식감이 쫄깃해요. 주로
피자의 크러스트 부분에
사용하죠.

가장자리를
잘라 내면
더 깔끔해요.

랩으로 감싼 뒤
손으로 지그시
힘주어 모양을
고정시켜요.

1 식빵은 밀대로 얇게 밀어
가장자리를 잘라 내고.

2 식빵(1장)에 과일잼(1)을 고루 펴
바르고, 남은 식빵(1장)에는
땅콩버터(1.5)를 펴 바르고.

3 땅콩버터를 바른 식빵 위에
과일잼을 바른 식빵을 올리고
스트링치즈를 얹어 돌돌 말고.

4 먹기 좋게 유산지로 포장하거나
한입 크기로 썰어 마무리.

멸치볶음주먹밥

밤에도 영양 챙겨요

칼슘의 최고봉 멸치로 만든 주먹밥이에요. 숨어 있는
메추리알 찾는 재미는 덤!

 **1인분**

필수 재료
밥(1공기), 멸치볶음(⅓컵), 메추리알장조림(4개)

1 밥과 멸치볶음을 고루 섞고.

2 밥을 뭉쳐 오목하게 벌리고.

달걀장조림을 이용해 크게 빚어도 좋아요.

3 메추리알을 넣고 오므려 동그랗게 빚어 마무리.

Part 4.

라면 끓이는 대신 뚝딱!
5분 요리

라면 끓이는 대신 조금만 더 신경 쓰면
온 가족이 좋아하는 야식을 만들 수 있어요.
치킨덮밥부터 수제버거까지 5분이면 충분해요!

볶음밥과 만난 깍두기

김치볶음밥의 아성을 위협하는

왕십리 대도식당의 시그니처 메뉴죠!
매콤새콤 아삭한 식감까지, 입맛이 제대로
돌아와요.

☾ 1인분

필수 재료
깍두기($\frac{1}{2}$컵), 깍두기국물($\frac{1}{4}$컵), 밥(1공기)

선택 재료
달걀(1개), 김가루(적당량)

양념
버터(1), 고추장(0.5)

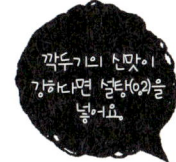

깍두기의 신맛이 강하다면 설탕(0.2)을 넣어요.

밥을 넣기 전 식용유(1)를 더 둘러요.

1 깍두기를 작게 썰고.

2 달군 팬에 버터(1)를 넣고 반 이상 녹으면 깍두기와 고추장(0.5)을 넣어 약한 불로 볶고.

3 밥을 넣어 볶다가 깍두기국물을 부어 고루 간이 배도록 비벼 가며 볶고.

4 다른 팬에 달걀을 반숙으로 프라이하고.

5 그릇에 밥을 담고 달걀 프라이를 올려 마무리.

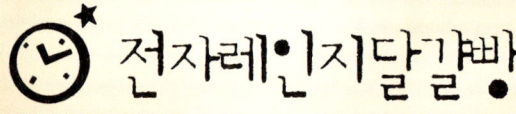

전자레인지달걀빵

집에서 만드는 인기 만점 길거리 간식

출출한 밤, 담백한 달걀빵 하나면
속이 든든!

🌙 6개 분량

필수 재료
핫케이크가루(1⅓컵=170g), 우유(⅘컵), 달걀(6개)
선택 재료
파슬리가루(약간)
양념
소금(약간)

> 종이컵을 바닥에 2번 정도 내리쳐 기포를 제거해요.

> 반죽과 달걀을 모두 넣었을 때 컵 ⅔분량 정도가 적당해요.

1 핫케이크가루와 우유는 섞고,

2 종이컵에 핫케이크반죽을 ⅓정도 채우고,

3 달걀을 넣고 이쑤시개로 노른자를 3~4번 찔러 막을 터뜨리고,

4 소금(약간)과 파슬리가루를 뿌리고,

5 전자레인지에 한 개씩 넣고 1분 30초간 익힌 뒤 부푼 빵이 살짝 가라앉도록 두어 마무리.

> 전자레인지에서 꺼낸 달걀빵은 기포가 차 있어 바로 먹으면 터질 수 있으니 살짝 가라앉은 뒤 먹는 것이 좋아요.

매콤김치떡볶이

매콤한 밤참

자, 냉동고에 고이 묵혀 둔 떡국떡을
꺼내 볼까요?

 **1인분**

떡볶이용 떡을
사용해도 좋아요.

필수 재료

김치(⅓컵), 떡국떡(1컵)

양념

고추장(0.3), 올리고당(1), 통깨(약간)

고소함을 원한다면
식용유 대신 참기름을
사용해도 좋아요.

떡이 많이 단단한
경우 끓는 물에 데치거나
찬물에 30분 정도
담갔다가 사용하세요.

1 김치는 작게 썰고,

2 달군 팬에 식용유(1.5)를 두른 뒤
김치를 넣어 볶고,

3 김치의 숨이 죽으면 떡을 넣어
볶고,

올리고당(1) 대신
설탕(0.5)을 김치
볶을 때 넣어도
좋아요.

4 떡이 말랑해지기 시작하면
고추장(0.3)과 올리고당(1)을 넣어
고루 섞어가며 볶은 뒤
통깨(약간)를 뿌려 마무리.

닭가슴살버섯볶음

건강한 야식

담백한 닭 가슴살에
버섯의 풍미를 더했어요.

필수 재료
양송이버섯(3개), 대파(10cm), 닭 가슴살(1쪽=125g)
양념
두반장(1.5), 올리고당(1), 후춧가루(약간), 참기름(0.5)

> 두반장이 없다면
> 설탕(0.5)+간장(1)+고추장
> (1)+다진 마늘(0.3)을
> 섞어 사용하세요.

> 양송이버섯 대신
> 표고버섯을 넣으면 다른
> 풍미와 식감을 맛볼 수
> 있어요.

> 대파향이 기름에 배어
> 닭의 누린내를 잡아줘요.
> 마늘을 얇게 썰어
> 사용해도 좋아요.

1 양송이버섯은 4등분하고, 대파는
　송송 썰고, 닭 가슴살은 한입
　크기로 썰고,

2 팬에 식용유(1)를 두르고 대파와 닭
　가슴살을 넣어 중간 불로 볶고,

3 닭고기가 반 이상 익으면 버섯을
　넣어 볶고,

> 밥에 얹어
> 덮밥으로 즐겨도
> 좋아요.

4 고기가 거의 다 익으면 두반장(1.5)과
　올리고당(1), 후춧가루(약간)를 넣어
　섞은 뒤 참기름(0.5)을 둘러 마무리.

창난젓볶음밥

출출한 밤에 가볍게

창난젓에는 소화를 돕는 효소 성분이
있대요. 밤에 먹을 때 약간 안심이 돼요~

1인분

필수 재료
창난젓(2), 밥(1공기)

선택 재료
김가루(적당량)

양념
참기름(1), 통깨(적당량)

1 달군 팬에 식용유(2)를 두른 뒤
   창난젓을 넣고 주걱으로 저어 가며
   중약 불로 볶고,

2 밥을 넣어 고루 섞어 가며 조금 더
   볶고,

3 밥에 젓갈의 간이 고루 배면
   참기름(1)과 통깨를 넣어 살짝 더
   볶고,

4 그릇에 담고 김가루를 뿌려 마무리.

칠리만두강정

만두의 변신은 계속 된다

소스를 입은 만두가
입에 착착 붙어요~

🌙 1인분

필수 재료
물만두(10개)

선택 재료
슬라이스 체다치즈(1장), 다진 땅콩(1)

소스
스위트칠리소스(3)+고추장(0.7)+올리고당(0.5)

1 슬라이스 체다치즈는 잘게 칼집을 내고,

2 팬에 식용유(2)를 두른 뒤 물만두를 넣어 노릇하게 구워 건지고,

3 팬에 **소스** 재료와 물(2)을 넣어 약한 불로 끓이고,

4 끓어오르면 구운 만두를 넣어 버무리고,

5 그릇에 담고 다진 땅콩과 슬라이스 체다치즈를 뿌려 마무리.

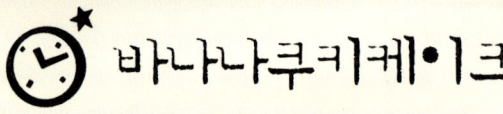

바나나쿠키케이크

디저트가 생각나는 밤엔

폭신폭신하고 달콤한 맛,
오븐에 구운 케이크 부럽지 않아요.

2개 분량

필수 재료

바나나(1개), 통밀쿠키(8개), 우유($\frac{1}{3}$컵), 휘핑한 생크림(2컵)

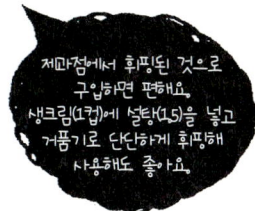

제과점에서 휘핑된 것으로
구입하면 편해요.
생크림(1컵)에 설탕(15)을 넣고
거품기로 단단하게 휘핑해
사용해도 좋아요.

바나나는 쉽게
갈변되니 만들기
직전 썰어요.

1 바나나는 얇게 썰고,

2 쿠키를 우유에 5초간 담그고,

3 우유에 적신 쿠키 위에 바나나를
올린 뒤 생크림을 펴 바르고,

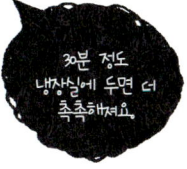

30분 정도
냉장실에 두면 더
촉촉해져요.

4 쿠키→바나나→생크림 순으로 2번
더 반복해 쌓은 뒤 쿠키로 덮고,

5 생크림으로 덮고 바나나로 장식해
마무리.

황도골뱅이카나페

매콤달콤

- - - - - - - - - - - 가볍게 술안주하기 좋아요.

1인분

필수 재료

통조림 골뱅이($\frac{1}{3}$컵), 오이($\frac{1}{4}$개), 통조림 황도(2개)

양념장

고춧가루(1)+식초(1)+맛술(0.5)+간장(1)+올리고당(1.5)+참기름(0.5)+
고추장(1.5)+다진 마늘(0.3)+통깨(약간)

1 양념장을 만들고,

2 황도는 먹기 좋게 2~4등분하고,
오이는 채 썰고,

3 골뱅이는 2~3등분하여 양념장에
버무리고,

황도를
작게 썰어
골뱅이와 함께
버무려도 좋아요

4 황도에 골뱅이무침을 올린 뒤
오이를 올려 마무리.

햄샌드위치

쉽지만 가볍지 않은 맛

소스를 듬뿍 뿌려 먹으면 더 맛있어요!

🌙 1인분

필수 재료
식빵(2장), 시판 사우전아일랜드드레싱(1.5), 슬라이스 햄(1장), 양상추(2장)

선택 재료
버터(0.5), 양파(¼개), 허니머스터드소스(0.5), 케첩(0.5)

양파는 채 썰어
찬물에 헹궈 매운맛을
빼고 물기를 닦아
준비하세요.

1 버터(0.5)를 녹인 팬에 식빵을 올려
  노릇하게 구워 건지고,

2 식빵 한쪽 면에
  사우전아일랜드드레싱을 고루 펴
  바르고,

3 슬라이스 햄, 양상추, 채 썬 양파
  순서로 올리고,

4 허니머스터드소스와 케첩을 뿌리고
  나머지 식빵을 올린 뒤 지그시 눌러
  마무리.

크림순대

고소함이 별 다섯 개

안 어울릴 거 같았던 크림소스와 순대.
단짝이었네요!

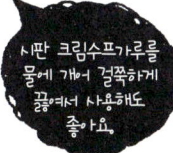

1인분

필수 재료
양파($\frac{1}{2}$개), 순대(20cm)
선택 재료
마늘(2쪽), 청양고추($\frac{1}{2}$개), 우유($\frac{1}{4}$컵)
양념
시판 크림소스($\frac{1}{2}$컵), 후춧가루(약간)

시판 크림수프가루를
물에 개어 걸쭉하게
끓여서 사용해도
좋아요.

1 양파는 채 썰고, 마늘은 얇게 썰고,
  청양고추는 송송 썰고,

2 순대는 한입 크기로 썰고,

3 팬에 식용유(1)를 두른 뒤 마늘과
  양파를 넣어 중약 불로 볶고,

4 순대와 청양고추를 넣어 중간 불로
  살짝 더 볶고,

5 크림소스($\frac{1}{2}$컵)를 넣어 버무린 뒤
  후춧가루(약간)를 뿌려 마무리.

농도는 취향에
맞게 우유로
조절하세요.

치즈카레면

입맛 돋우는 이색 라면

치즈가 카레의 향신료 맛을 잘 감싸서
입에 은근하게 잘 붙어요!

🌙 1인분

필수 재료
라면 사리(1개), 즉석 카레(1봉), 슬라이스 체다치즈(1개)
선택 재료
쪽파(2대)

1 쪽파는 송송 썰고.

2 냄비에 물(2컵)을 붓고 끓어오르면 라면 사리를 넣어 끓이고,

3 면이 반쯤 익으면 즉석 카레를 넣어 조리고,

4 기의 다 익으면 치즈를 넣고 불을 꺼 잔열로 녹인 뒤 쪽파를 뿌려 마무리.

데리•yㅔ치킨덮밥

달콤한 향이 가득

머스터드과 치킨의 조합이 야밤에 한 그릇
뚝딱하게 만드네요.

🌙 1인분

필수 재료
통조림 닭 가슴살(작은것 1캔=90g), 양파(¼개), 다진 마늘(0.3), 밥(1공기)

선택 재료
애호박(¼개), 허니머스터드소스(0.7), 검은깨(약간)

양념장
설탕(0.5)+맛술(1)+간장(1.5)+물(1)+올리고당(0.5)+후춧가루(약간)

1 통조림 닭 가슴살은 체에 밭쳐 물기를 제거하고,

2 애호박과 양파는 얇게 썰고,

3 팬에 식용유(1)를 두른 뒤 양파, 애호박 순으로 넣어 볶고,

4 닭 가슴살과 다진 마늘(0.3)을 넣어 살짝 더 볶고,

5 **양념장**을 부어 간이 배도록 중간 불로 조리고,

6 그릇에 밥을 담은 뒤 볶은 재료를 얹고 허니머스터드소스와 검은깨를 뿌려 마무리.

골뱅이가 비빔면에 빠졌을 때

업그레이드된 비빔면

골뱅이 하나 더했을 뿐인데 라면이 아니라
요리가 된 것 같아요.

1인분

필수 재료
비빔라면(1봉), 통조림 골뱅이($\frac{1}{2}$컵)
선택 재료
오이($\frac{1}{4}$개)
양념
참기름(0.5), 통깨(약간)

1 비빔면의 라면 사리는 끓는 물에
  삶아 건진 뒤 찬물에 헹궈 물기를
  빼고,

2 골뱅이는 3~4등분하고, 오이는
  얇게 썰고,

3 볼에 골뱅이와 오이를 넣고 동봉된
  양념장을 넣어 간이 배도록 먼저
  버무리고,

4 라면 사리를 넣고 버무린 뒤
  참기름(0.5)과 통깨(약간)를 더해
  마무리.

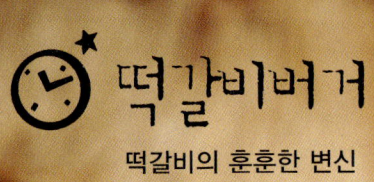

떡갈비버거

떡갈비의 훈훈한 변신

도톰한 한국의 떡갈비가 빵과 만나
간단하지만 훌륭한 퓨전요리가 되었어요!

🌙 1인분

필수 재료
햄버거빵(1개), 시판 떡갈비(1개)

선택 재료
버터(0.5), 양상추(2장)

양념
마요네즈(1), 허니머스터드소스(0.5)

1 버터(0.5)를 녹인 팬에 햄버거빵을 굽고,

2 식용유(1)를 두른 뒤 떡갈비를 올려 앞뒤로 굽고,

3 한쪽 빵에 마요네즈(1)를 고루 펴 바르고,

슬라이스 체다치즈나 토마토를 함께 얹어도 좋아요.

4 양상추를 먹기 좋게 뜯어 마요네즈 바른 빵에 올린 뒤 구운 떡갈비를 얹고,

5 허니머스터드소스(0.5)를 뿌리고 남은 빵을 얹어 마무리.

짜파구리

달콤+매콤+짭조름

기존 라면에 질렸다면 오늘은 감칠맛
듬뿍 섞어라면에 도전해보세요.

2인분

필수 재료
짜파게티(1봉지), 너구리(1봉지)
선택 재료
달걀(2개)

1 끓는 물에 면과
건더기수프를 넣고
반 정도 익으면
물(⅔컵)을 남기고
따라내고.

2 짜파게티 수프(1개)와
너구리 수프(½개)를
넣어 버무린 뒤 약한
불로 살짝 볶고,

3 팬에 식용유(1)를
둘러 달걀을
프라이한 뒤
짜파구리 위에 얹어
마무리.

고추참치덮밥

라면 끓이기보다 쉬워요

다른 반찬 없이 이거 하나면 충분해요.

☽ 1인분

필수 재료
통조림 고추참치(작은것 1캔=100g),
김치(⅓컵), 밥(1공기)
선택 재료
달걀(1개)

1 달군 팬에 통조림
고추참치를 넣고 중간 불로
볶고.

2 김치를 넣어 조금 더 볶고,

3 식용유(1)를 두른 팬에
달걀을 넣어 반숙으로
프라이를 하고 밥 위에 볶은
참치와 함께 올려 마무리.

자꾸 생각날 만두

달달한 간장소스를 입은

잠 못 드는 밤 맥주와 함께해요~

☾ 1인분

필수 재료
양파(½개), 군만두(5개)

선택 재료
두 가지색 피망(¼개씩)

소스
설탕(0.5)+식초(1)+맛술(0.5)+간장(1)+올리고당(1)+굴소스(0.3)+참기름(0.3)

피망 대신 파프리카나 고추를 이용해도 좋아요.

매운맛을 원한다면 식용유 대신 고추기름을 사용하세요.

1 양파와 피망은 잘게 다지고.

2 팬에 식용유(1.5)를 두른 뒤 군만두를 노릇하게 구워 건지고.

3 식용유(1)를 더 두른 뒤 양파를 볶다가 반투명해지면 피망을 넣어 살짝 더 볶고.

4 **소스**를 넣어 끓어오르면 만두를 넣고 재빨리 버무려 마무리.

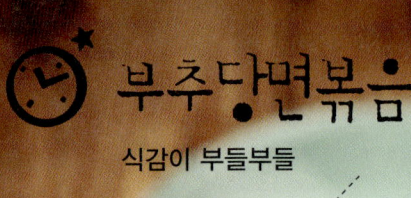

부추당면볶음

식감이 부들부들

출출한 밤엔 손가는 잡채보다 간단하게
부추잡채 어때요?

1인분

필수 재료
당면(⅓줌=30g), 부추(¼줌)
양념장
설탕(0.7)+다진 마늘(0.3)+간장(1)
양념
참기름(1)

  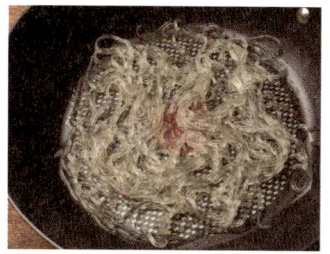

1 당면은 끓는 물에 삶아 찬물에 헹궈
물기를 빼고.

2 부추는 5~6cm 길이로 썰고,
양념장은 섞어 두고,

3 팬에 참기름(1)과 식용유(1)를 두르고
당면을 넣어 흔들어 가며
중간 불로 볶고,

4 당면이 부드러워지면 섞어둔
양념장을 넣고 재빨리 저어 가며
간이 배도록 볶고,

5 부추를 넣고 섞어 마무리.

베이징베이컨

오리 대신 베이컨

간단하지만 맛은 비싼 베이징덕
못지않아요.

🌙 1인분

필수 재료
오이(⅓개), 베이컨(5줄), 만두피(5장), 시판 즉석자장(⅓봉)
선택 재료
대파 흰 부분(15cm)

좋아하는 채소를 채 썰어 곁들여 보세요.

1 오이와 대파는 채 썰고,

2 베이컨은 반으로 잘라 팬에
　노릇하게 구워 건지고,

3 만두피는 끓는 물에 살짝 데쳐
　건지고, 즉석자장도 데우고,

4 만두피 위에 베이컨(2쪽)과 채소를
　올린 뒤 데운 자장을 뿌려 먹기
　좋게 접어 마무리.

장조림버터볶음밥

애매하게 남은 장조림이 이렇게!

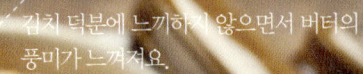

김치 덕분에 느끼하지 않으면서 버터의
풍미가 느껴져요.

1인분

필수 재료

통조림 장조림(1캔=150g), 김치(⅓컵), 버터(1), 밥(1공기)

1 장조림 고기와 국물(4)을 준비하고,

2 김치는 양념을 털어낸 뒤 작게 썰고,

양파나 피망 등 채소를 넣어 볶으면 더 맛있어요.

3 팬에 버터(1)를 넣고 반쯤 녹으면 김치를 넣어 중약 불로 볶고,

4 김치가 부드러워지면 밥을 넣어 덩어리지지 않게 풀어 가며 볶고,

5 장조림 고기와 국물을 넣어 간이 배도록 조금 더 볶고 그릇에 담아 마무리.

 어묵초무침

골뱅이무침에 뒤를 잇는

쫄깃하고 새콤한 것이 밥도둑이에요!

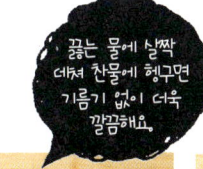

🌙 1인분

필수 재료
판어묵(2장), 미나리(늉줌), 통깨(약간)
양념장
설탕(0.5)+식초(1)+간장(1)+다진 마늘(0.3)+
고추장(0.7)+올리고당(1)+참기름(0.5)

> 어묵 대신
> 묵을 사용해도
> 좋아요.

> 끓는 물에 살짝
> 데쳐 찬물에 헹구면
> 기름기 없이 더욱
> 깔끔해요.

1 어묵은 한입 크기로 썰고,

2 미나리는 잎을 떼고 줄기만 어묵과
비슷한 길이로 썰고,

3 양념장을 고루 섞고,

4 어묵과 양념장을 넣어 먼저 버무린
뒤 미나리를 넣어 가볍게 섞고
통깨를 뿌려 마무리.

105

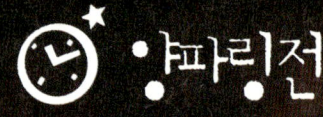

양파링전

동글동글 색다른 전

달큰하고 따뜻한 맛이 그리울 때 먹어봐요.

🌙 1인분

필수 재료
양파(1개), 밀가루(3), 달걀(2개)

양념
소금(약간)

초간장
간장(1)+식초(1)+물(1)

우리가 더 알고 싶은 오일 이야기 ❸

산뜻한 맛을 내려면?
백설 카놀라유

카놀라 씨앗 100%로 우리나라에서 직접 만들어 더 믿음직하다. 불포화지방산인 올레인산이 60%나 들어 올리브유의 뒤를 잇는 웰빙유로 떠오르고 있는 중! 발연점이 높아 어느 요리에나 안심하고 사용할 수 있다.

달걀은 소금(약간)을 넣어 곱게 풀어 준비하세요.

1 양파는 얇고 동그랗게 썰고.

2 밀가루, 달걀 순으로 옷을 입히고.

3 달군 팬에 식용유(2)를 두른 뒤 양파를 올려 노릇하게 앞뒤로 굽고 **초간장**을 곁들여 마무리.

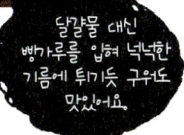

달걀물 대신 빵가루를 입혀 넉넉한 기름에 튀기듯 구워도 맛있어요.

Part 5.

밤에는 나도 우리집 야식 요리사
7분 요리

냉장고와 찬장을 찬찬히 살펴보세요.
집에 있는 재료만으로도 생각보다 멋진 밤참이 탄생하거든요!
7분 안에 손쉽게 맛있는 야식을 만들어봐요.

김치볶음면

가끔은 밥 말고

면을 꼬들꼬들하게 볶아야
더 맛나요.

🌙 1인분

필수 재료
김치($\frac{1}{2}$컵), 라면(1봉), 버터(1.5)

선택 재료
통조림 참치(작은것 1캔=100g)

1 통조림 참치는 체에 받쳐 기름을 제거하고,

2 김치는 양념을 털어낸 뒤 작게 썰고,

라면 삶은 물(3)을 남겨두세요.

3 끓는 물에 라면 사리를 삶아 건지고,

4 달군 팬에 버터(1.5)를 녹인 뒤 김치와 참치를 넣어 볶고,

5 삶은 면을 넣어 조금 더 볶고,

6 라면 삶은 물(3)과 라면수프($\frac{1}{2}$분량)를 넣어 간이 배도록 조금 더 볶아 마무리.

111

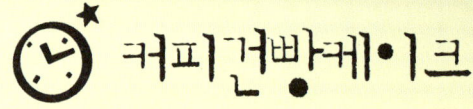

커피건빵케이크

밀가루 없이, 오븐 없이

의외로 촉촉하고 쫀득하기까지 해요!
대신 정량을 잘 지켜서 만들어야
실패하지 않아요.

☾ 4개 분량

필수 재료
커피믹스(4개), 건빵(3컵)
선택 재료
바나나(1개), 다진 땅콩(2)

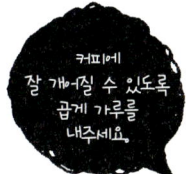
커피에 잘 개어질 수 있도록 곱게 가루를 내주세요.

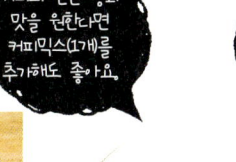
커피의 진한 향과 맛을 원한다면 커피믹스(1개)를 추가해도 좋아요.

물의 양은 꼭 지켜주세요.

1 건빵은 곱게 부수고,

2 바나나는 작게 썰고,

3 커피믹스는 뜨거운 물(2컵)에 고루 섞고,

살짝 식혀 드세요.

4 종이컵에 커피(⅓컵)와 부순 건빵(⅓컵)을 넣어 섞은 뒤 바나나와 땅콩을 뿌리고,

5 랩을 씌워 구멍을 내고 전자레인지에 4분 정도 돌려 마무리.

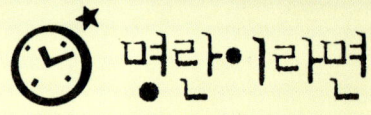

명란이라면

명란젓의 감칠맛을 제대로

짭조름하면서 풍미가 깊어 자꾸 들어가요.

🌙 **1인분**

필수 재료
청양고추(늘개), 명란젓(2), 라면 사리(1봉지)

선택 재료
마늘(2쪽), 김(약간)

양념
버터(1), 올리브유(1)

양념된 명란젓은 흐르는 물에 헹궈 물기를 제거한 뒤 사용해요.

팬에 한 번 더 볶으니 반만 익혀요.

1 청양고추는 길게 반 갈라 씨를 털어 작게 썰고, 마늘은 얇게 썰고, 김은 가늘게 자르고.

2 명란젓은 막을 제거해 알만 발라두고.

3 끓는 물에 라면 사리를 넣어 면발이 꼬들꼬들할 정도로만 익혀 건지고.

4 달군 팬에 버터(1)와 올리브유(1)를 넣고 버터가 반 이상 녹으면 고추와 마늘을 넣어 볶고.

5 매콤한 향이 나면 명란젓을 넣고 뭉치지 않도록 주걱으로 풀어 가며 볶고.

6 명란젓이 톡톡 튀기 시작하면 라면 사리를 넣어 재빨리 볶은 뒤 그릇에 담고 김을 올려 마무리.

스팸돈부리

달콤짭조름한 매력

그냥 먹어도 밥도둑인 스팸이 이렇게도
변신하네요!

🌙 1인분

필수 재료
달걀(1개), 스팸(작은 것 ½캔=100g), 밥(1공기)

선택 재료
가쓰오부시(½컵), 쪽파(2대)

양념
소금(약간), 설탕(0.5), 간장(0.7), 참기름(0.3), 후춧가루(약간)

1 따뜻한 물(½컵)에 가쓰오부시를
5분 정도 담가 우린 뒤 체에
거르고.

쪽파 대신
팽이버섯을 넣어도
좋아요.

2 쪽파는 4cm 길이로 썰고, 달걀은
소금(약간)을 넣어 곱게 풀고.

3 스팸은 도톰하게 썰어 팬에
노릇하게 구워 건지고.

4 팬을 닦은 뒤 가쓰오부시
육수(½컵)와 설탕(0.5), 간장(0.7),
참기름(0.3), 후춧가루(약간)을 넣은
뒤 끓이고.

5 끓어오르면 구운 스팸을 넣고
달걀물을 부어 반숙으로 익으면
쪽파를 넣고.

6 그릇에 밥을 담고 위에 얹어
마무리.

돌돌 만 골뱅이

술을 부르는 다이어트 안주!

골뱅이가 쫄깃, 오이는 아삭,
묵은 부드러워요~

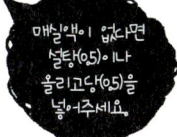

1인분

필수 재료
도토리묵($\frac{1}{4}$모), 통조림 골뱅이($\frac{1}{3}$컵), 오이($\frac{1}{2}$개)

양념장
고춧가루(0.7)+매실액(1)+간장(2)+식초(0.5)+물(1)+다진 마늘(0.3)+
참기름(0.5)+통깨(약간)

> 매실액이 없으면
> 설탕(0.5)이나
> 올리고당(0.5)을
> 넣어주세요.

1 **양념장**을 만들고,

2 도토리묵과 골뱅이는 작게 썰고,

3 오이는 필러로 길고 얇게 자르고,

4 오이를 말아 도토리묵과 골뱅이를
  채우고,

5 양념장을 뿌려 마무리.

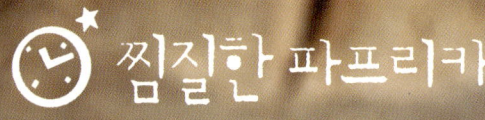

찜질한 파프리카

맛도 모양도 훈훈

부드러운 달걀찜이 상큼한 파프리카에 쏙~
반찬으로도 손색 없어요.

필수 재료
파프리카(2개), 달걀(2개), 슬라이스 체다치즈(½장), 케첩(0.6)

선택 재료
우유(3), 베이컨(1줄)

양념
소금(0.1), 후춧가루(약간)

햄이나 양파, 대파를 잘게 다져 넣어도 좋아요.

1 파프리카 윗면을 잘라낸 뒤 숟가락으로 속을 파내고,

2 베이컨은 작게 자르고,

3 달걀은 소금(0.1), 후춧가루(약간)를 넣어 곱게 푼 뒤 우유와 베이컨을 넣어 섞고,

달걀이 익으면서 부풀어 오르니 파프리카의 70% 정도만 부어요.

4 파프리카에 달걀물을 부어 전자레인지로 4~5분간 익히고,

5 뜨거울 때 작게 자른 치즈를 올려 잔열로 녹인 뒤 케첩을 뿌려 마무리.

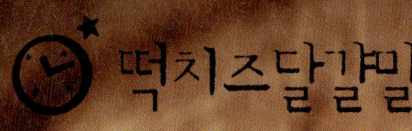

떡치즈달걀말이

떡과 치즈의 만남은 진리

쫄깃한 떡과 치즈, 부드러운 달걀이
어우러져 맛뿐만 아니라 식감도 좋아요.

🌙 1인분

필수 재료
달걀(2개), 가래떡(15cm), 슈레드 모차렐라치즈(⅓컵), 케첩(1.5)

선택 재료
우유(3)

양념
소금(0.2), 맛술(1), 후춧가루(약간)

1 달걀은 **양념**을 넣어 곱게 푼 뒤 우유를 넣어 섞고,

2 달군 팬에 식용유(0.5)를 두른 뒤 가래떡을 노릇하게 구워 건지고,

3 식용유(2)를 더 두른 뒤 달걀물을 부어 반숙으로 익히고,

슬라이스 체다 치즈를 이용해도 좋아요.

4 슈레드 모차렐라치즈와 케첩을 한쪽 가장자리에 뿌리고,

5 가래떡을 올려 돌돌 만 뒤 먹기 좋은 크기로 썰어 마무리.

초간단우당면

입맛을 솔솔 돋우는 볶음면

시판 우동과 당면만 있으면 만사 오케이!

1인분

필수 재료
시판 우동(1봉), 당면(½줌=20g)

선택 재료
가쓰오부시(적당량)

1 끓는 물에 우동사리와 당면을 각각 삶아 건져 물기를 빼고,

2 달군 팬에 식용유(1.5)를 두른 뒤 삶은 우동사리와 당면을 넣어 저어 가며 볶고,

3 우동에 동봉된 건더기수프와 수프, 물(3)을 넣고 골고루 볶아 그릇에 담고 가쓰오부시를 뿌려 마무리.

식혜떡볶이

식혜의 달달함과 감칠맛이 느껴져요

옛날 학교 앞에서 사 먹던 500원짜리
달달한 컵떡볶이가 생각나요.

 1인분

필수 재료
식혜(1캔=238ml), 어묵(1장),
떡볶이떡(2컵)

선택 재료
양배추(2장)

양념
고춧가루(0.5), 고추장(1.5)

1 식혜는 체에 밥알을 걸러
국물만 냄비에 붓고,

2 **양념**을 풀어 센 불로
끓이고,

3 떡을 넣고 끓어오르면 어묵,
양배추를 적당한 크기로
썰어 넣고 중약 불로 줄여
간이 배도록 조려 마무리.

달걀퐁당토스트

심심한 토스트는 안녕

토스트 가운데 얌전히 구워진 달걀의
맛이란!

🌙 1인분

필수 재료
식빵(2장), 달걀(1개), 마요네즈(3)
선택 재료
베이컨(1줄)
양념
딸기잼(2), 소금(약간)

1 베이컨은 작게 자르고,

쿠키틀 대신 밥공기를 이용해도 좋아요.

2 식빵(1장)은 쿠키틀을 이용해 중앙에 동그랗게 구멍을 내고,

3 구멍을 내지 않은 식빵에 딸기잼(2)을 얇게 펴 바른 뒤 구멍을 낸 식빵을 겹쳐 올리고,

이쑤시개로 노른자를 2~3번 찔러 막을 터뜨려야 구웠을 때 터지지 않아요.

4 구멍에 달걀을 넣고 소금(약간)을 뿌리고,

5 달걀 위에 베이컨을 뿌린 뒤 식빵 테두리에 마요네즈를 두르고.

180℃로 예열한 오븐에서 15분간 구워도 좋아요.

6 전자레인지에서 달걀이 익을 때까지 4~5분간 돌려 마무리.

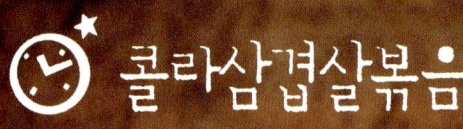

콜라삼겹살볶음

달달한 고추장소스의 매력

가끔은 칼로리 신경쓰지 말고
먹어 보자고요.

◖ 1인분

필수 재료
양파($\frac{1}{2}$개), 삼겹살(200g)

선택 재료
당근($\frac{1}{4}$개), 깻잎(5장)

양념장
간장(1)+청주(1)+고추장(1.5)+콜라(3)+올리고당(1)+
다진 마늘(0.5)+참기름(0.5)+후춧가루(약간)

1 당근과 깻잎은 한입 크기로 썰고,
양파는 채 썰고.

2 삼겹살을 한입 크기로 썰어
양념장에 버무리고.

3 달군 팬에 식용유(1)를 두른 뒤
양념한 삼겹살을 넣고 중간 불로
볶고.

4 고기가 반쯤 익으면 양파와 당근을
넣어 볶다가 거의 다 익으면 깻잎을
넣어 살짝 더 볶아 마무리.

찬밥크림리소토

생크림 없이도 진한 고소함을 맛볼 수 있어요

느끼~한 크림소스가 당길 때
쉽게 만들어 먹어 봐요.

☾ 1인분

필수 재료
양파($\frac{1}{2}$개), 청양고추(1개), 느타리버섯(1줌), 우유(1$\frac{1}{5}$컵=240ml),
밥(1공기), 슬라이스 체다치즈(1장)

선택 재료
파르메산 치즈가루(1), 고춧가루(약간)

양념
소금(0.1), 후춧가루(0.1)

1 양파는 굵게 다지고, 청양고추는
  길게 반 갈라 씨를 제거한 뒤 작게
  썰고, 느타리버섯은 밑동을 제거해
  가닥가닥 찢고,

2 중간 불로 달군 팬에 올리브유(1)를
  두른 뒤 양파를 볶다가
  반투명해지면 버섯을 넣어 볶고,

3 우유와 청양고추를 넣어 끓이고,

4 밥을 넣어 섞고 걸쭉해지면
  슬라이스 체다치즈와 파르메산
  치즈가루를 넣어 녹이고,

5 약한 불로 줄여 소금(0.1),
  후춧가루(0.1)로 간한 뒤
  고춧가루(약간)를 뿌려 마무리.

훈제오리숙주볶음

맛있게 즐기는 웰빙 안주

오리의 느끼함은 숙주가 꽉 잡아 줘요.

 **1인분**

훈제오리는
마트에서 구입할 수
있어요.

필수 재료
쪽파(3대), 숙주(1줌), 훈제오리(1¾컵)

양념장
간장(0.7)+고추장(0.7)+맛술(1)+올리고당(1.5)+
다진 마늘(0.5)+참기름(0.5)+후춧가루(약간)

1 쪽파는 4~5cm 길이로 썰고,
  숙주는 깨끗이 씻어 물기를 빼고.

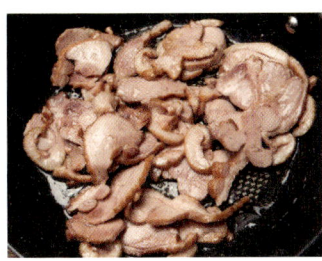

2 달군 팬에 식용유(1)를 두른 뒤
  훈제오리를 넣어 중간 불로 볶고.

3 오리가 노릇해지면 **양념장**을 넣어
  저어 가며 볶고.

4 쪽파와 숙주를 넣고 센 불로 올려
  재빨리 섞어 가며 볶아 마무리.

카레김치전

김치와 카레의 맛있는 어우러짐

김치와 오징어? 이젠 김치와 카레죠!

☾ 1인분

필수 재료
김치($\frac{1}{2}$컵), 부침가루($\frac{1}{2}$컵), 카레가루(2)
선택 재료
양파($\frac{1}{6}$개), 식용유(1)

반죽에 식용유를 섞으면
팬에 달라붙지 않고 더
바삭해요.

1 양파는 채 썰고, 김치는 양념을
  털어낸 뒤 한입 크기로 썰고.

2 볼에 부침가루와 카레가루를 섞은
  뒤 물($\frac{1}{3}$컵)을 부어 덩어리 없이
  풀고.

3 반죽에 김치와 양파를 넣어 섞은 뒤
  식용유(1)를 넣어 섞고.

4 달군 팬에 식용유(2)를 두른 뒤
  반죽을 부어 노릇하게 앞뒤로 구워
  마무리.

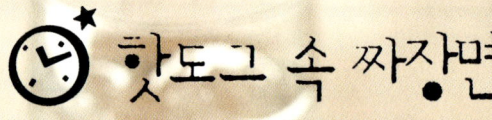

핫도그 속 짜장면

청양고추로 느끼함은 잡고!

일본의 야키소바빵 같은 자장핫도그,
일단 먹어봐야 진가를 알아요.

🌙 4개 분량

필수 재료
단무지(4조각), 자장라면(1봉지), 핫도그빵(4개)

선택 재료
청양고추(1½개)

양념
마요네즈(2.8)

취향에 따라 청양고추의 양을 조절하세요.

핫도그빵은 대형 마트에서 구입할 수 있어요.

모닝빵으로 만들어도 좋아요.

1 청양고추는 씨를 제거해 곱게 다지고, 단무지도 곱게 다지고.

2 물을 넉넉히 끓여 면을 삶고 물을 조금만 남기고 따라낸 뒤 수프와 청양고추를 넣어 국물 없이 조리고.

3 마른 팬에 핫도그빵을 데우고.

취향에 따라 마요네즈를 뿌려 드세요.

4 빵 안쪽에 마요네즈(0.7)를 얇게 펴 바르고.

5 자장라면과 다진 단무지를 올리고 지그시 눌러 마무리.

137

곱창•부추버거

불고기버거를 잇는 본격 한쿡 버거!

빵의 부드러움과 곱창의 매콤함이 만나
묘하게 중독성이 있어요.

🌙 1인분

> 시판 양념곱창은 마트나 편의점에서 구입할 수 있어요.

필수 재료
햄버거빵(1개), 시판 양념곱창(⅔컵), 부추(⅓줌)

선택 재료
양파(⅛개)

양념
까나리액젓(0.3), 참기름(0.5), 부순 통깨(약간)

1 마른 팬에 햄버거빵을 굽고,

2 식용유(1)를 두른 뒤 양념곱창을
넣고 저어 가며 볶고,

3 부추는 4~5cm 길이로 썰고,
양파는 채 썰고,

4 볼에 부추와 양파를 넣어
양념으로 버무리고,

5 햄버거빵에 곱창볶음과
부추무침을 올린 뒤
빵으로 덮어 마무리.

김치케사디야

멕시코와 한국의 운명적 만남!

볶은 김치와 치즈를 넣은 토르티아에
상큼한 살사를 얹어먹으면 여기가 헤븐~

1인분

필수 재료

김치($\frac{1}{2}$컵), 토르티야(6인치×2장), 슈레드 모차렐라치즈($\frac{2}{3}$컵)

살사소스

토마토(1개), 양파($\frac{1}{10}$개), 청양고추($\frac{1}{2}$개), 레몬즙(1), 올리브유(1.5),
소금(약간)

양념

설탕(약간)

토마토의 속씨와 청양고추의 씨는 제거한 뒤 사용해세요.

1 토마토와 양파,
청양고추는 작게 썰고,

고수 잎을 넣으면 더 풍부한 맛이 나요.

2 잘게 썬 재료에 레몬즙(1)과
올리브유(1.5), 소금(약간)을
넣어 버무린 뒤 냉장실에
넣어 차게 두고,

3 김치는 양념을 털어낸 뒤 국물을 꼭
짜고 잘게 썰고,

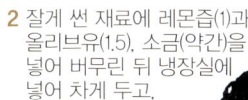

4 팬에 식용유(1)를 두른 뒤 김치와
설탕(약간)을 넣어 볶고,

위에 올리는 토르티야는 굽지 않은 쪽이 바깥으로 가게 덮어요.

5 다른 팬에 토르티야 한 장을 구워
건지고 남은 한 장도 한쪽 면을
구워 뒤집고 치즈와 볶은 김치를
올린 뒤 구워둔 토르티야로 덮어
치즈가 녹을 정도로 앞뒤로 굽고,

6 먹기 좋은 크기로 썰어 살사소스를
곁들여 마무리.

141

치킨토마토라면

그냥 라면은 지루해

닭 가슴살까지 들어가서 든든해요!

1인분

필수 재료
통조림 닭 가슴살(작은것 1캔=90g), 시판 토마토소스(1컵), 라면(너구리 1봉)
선택 재료
고춧가루(1)

굵은 것은 가늘게 찢어요.

라면(너구리)에 동봉된 다시마를 함께 넣고 끓여 육수를 내요.

라면 수프는 취향에 맞게 간을 보고 양을 조절하세요

1 닭 가슴살은 체에 밭쳐 물기를 빼고,

2 오목한 팬에 통조림 닭 가슴살과 물(2컵)를 넣어 중간 불로 끓이고,

3 끓어오르면 토마토소스와 고춧가루, 라면에 동봉된 건더기수프와 분말수프($\frac{1}{3}$ 분량)를 넣어 중간 불로 끓이고,

4 끓어오르면 라면을 넣어 끓이고, 라면이 풀어지기 시작하면 젓가락으로 가닥가닥 풀어헤쳐가며 간이 배도록 조려서 마무리.

어묵고추장떡

비오는 날 간단하게

어묵의 풍미가 살아있는
칼칼한 고추장떡이랍니다.

필수 재료
판어묵(1장), 풋고추(1개), 밀가루($\frac{1}{3}$컵)

선택 재료
양파($\frac{1}{5}$개)

양념장
고추장(0.5)+된장(0.3)+다진 마늘(0.3)+물($\frac{1}{3}$컵)

1 어묵과 풋고추, 양파는 잘게 채 썰고,

2 덩어리지지 않게 **양념장**을 잘 섞고,

3 밀가루에 양념장을 넣어 고루 섞은 뒤 어묵과 고추를 넣어 섞고,

4 달군 팬에 식용유(3)를 두른 뒤 반죽을 한입 크기로 올려 앞뒤로 노릇하게 구워 마무리.

닭가슴살파니니

따뜻할 때 먹어야 더 맛있어요

영양이 골고루 들어 있어
아이들 간식으로도 든든해요!

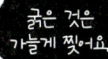 **1인분**

필수 재료
통조림 닭 가슴살(작은것 1캔=90g), 식빵(2장), 슈레드 모차렐라치즈(½컵)

선택 재료
토마토(½개), 양파(⅓개)

양념
케첩(0.7)+마요네즈(1)+소금(약간)+후춧가루(약간)

굵은 것은 가늘게 찢었어요.

채 썬 양파는 물에 담가 매운맛을 제거한 뒤 사용해도 좋아요.

1 통조림 닭 가슴살은 물기를 제거한 뒤 **양념**에 버무리고,

2 토마토는 얇게 썰어 키친타월에 올려 물기를 제거하고, 양파는 곱게 채 썰고,

3 마른 그릴 팬에 식빵의 한쪽 면을 노릇하게 구워 1장은 건지고, 남은 한 장은 뒤집고,

그릴 팬에 올려 구우면 파니니그릴이 없어도 자국을 낼 수 있어요. 그릴 팬이 없다면 일반 프라이팬을 사용해도 좋아요.

4 슈레드 모차렐라치즈(¼컵)→ 토마토→양파→닭 가슴살→ 슈레드 모차렐라치즈(¼컵) 순으로 올린 뒤 건져둔 식빵의 구워둔 면이 안쪽으로 가도록 올리고,

5 치즈가 녹을 때까지 지그시 눌러가며 앞뒤로 구워 마무리.

147

Part 6.

친구들에게 자신있게 내놓는
10분 요리

맛이 별 다섯 개인 메뉴만 엄선했어요.
레스토랑 부럽지 않고 손맛 가득하다는 평을 들은 10분 요리들이에요.
완성도 있지만 누구나 쉽게 따라 할 수 있어서 친구들을 초대해도 안심이죠!

마약김밥

광장시장 부럽지 않은

단무지와 당근만 들어갔을 뿐인데
왜 자꾸 손이 갈까요?

◖ 6개 분량

필수 재료
밥(1공기), 김(1⅓장), 김밥용 단무지(1⅓줄), 당근(⅓개)

밥 양념
소금(0.1), 참기름(1), 통깨(0.2)

양념
소금(약간), 통깨(약간), 참기름(약간)

겨자소스
설탕(0.5)+간장(1)+식초(0.7)+물(1)+겨자(1)+통깨(약간)

1 고슬고슬하게 지은 밥에 **밥 양념**을 넣어 밑간하고.

2 김은 4등분하고, 단무지는 길게 반으로 가른 뒤 2등분하고, 당근은 채 썰고.

3 **겨자소스**를 고루 섞고.

4 달군 팬에 식용유(1)를 두르고 채 썬 당근과 소금(약간)을 넣어 볶고.

5 김 위에 밥을 올려 고르게 펴고.

6 밥 위에 단무지와 당근을 올리고 탄탄하게 말아 참기름을 바르고 통깨를 뿌려 마무리.

151

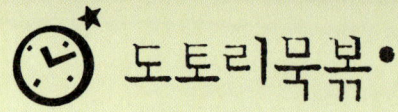

도토리묵볶이

칼로리 걱정 끝!

쫄깃한 식감이 떡볶이 못지 않아요.

1인분

> 말린 묵은 물에 반나절 담가 불려서 준비하세요.

필수 재료
불린 묵(1컵), 양파(½개)

선택 재료
양배추(2장), 판어묵(1장), 통깨(약간)

양념장
고춧가루(1)+간장(1)+다진 마늘(0.5)+고추장(1.5)+
올리고당(2)+후춧가루(약간)

> 말린 묵을 바로 사용할 경우 끓는 물에 20~30분 정도 삶아야 말랑해져요.

> 집에서 말릴 땐 도토리묵을 도톰하고 길게 썬 뒤 채반에 올려 통풍이 잘되는 곳에서 3일 이상 딱딱해질 때까지 말려요.

> 올리고당(2) 대신 설탕(1)을 사용해도 좋아요.

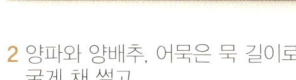

1 불린 묵은 끓는 물에 5분 정도 삶아 물기를 빼고,

2 양파와 양배추, 어묵은 묵 길이로 굵게 채 썰고,

3 팬에 물(⅔컵)과 **양념장**을 넣고 섞은 뒤 양배추를 넣어 끓이고,

4 끓어오르면 양파와 어묵, 묵을 넣어 중간 불로 졸이고,

5 국물이 걸쭉해지면 통깨를 뿌려 마무리.

감자바삭오믈렛

한 끼 식사로도 충분해요

스페인식 오믈렛에 바삭한 나초를 올려
맛뿐만 아니라 다양한 식감을 즐길 수 있어요.

☾ 1인분

필수 재료

마늘(2쪽), 양파($\frac{1}{4}$개), 감자(작은것 1개), 달걀(2개),
슈레드 모차렐라치즈($\frac{1}{3}$컵)

선택 재료

파프리카($\frac{1}{2}$개), 청양고추($\frac{1}{2}$개), 케첩(1), 핫소스(1),
슬라이스 체다치즈(1장), 나초(적당량)

양념

소금(약간), 후춧가루(약간)

> 양파나 파프리카 중 한 가지만 사용할 경우 양을 조금 늘리세요.

> 필러를 이용해 얇게 썰어도 좋아요.

> 소금(약간), 후춧가루(약간)를 뿌리며 볶아요.

> 파프리카는 양파가 반투명해지면 넣어주세요.

1 마늘은 얇게 썰고,
파프리카와 양파는 채
썰고, 청양고추는 송송
썰고.

2 감자는 껍질을 벗겨 얇고 납작하게
썰고.

3 달군 팬에 식용유(2)를 두른 뒤
마늘과 양파를 볶다가 파프리카와
청양고추를 넣고 볶아 건지고,

> 케첩과 핫소스는 그릇에 담은 뒤 뿌려도 좋아요.

> 취향에 따라 달걀을 거칠게 풀어 올려도 좋아요.

4 식용유(2)를 두른 팬에
감자를 넓게 펴 올려
한쪽 면이 익으면
뒤집은 뒤 달걀을 깨
넣고

5 볶은 채소를 올리고 케첩과
핫소스를 뿌린 뒤 슈레드
모차렐라치즈를 올려 뚜껑을 덮어
약한 불로 익히고,

6 달걀이 거의 다 익으면 뒤집어 살짝
더 익힌 뒤 그릇에 옮겨 담고
뜨거울 때 슬라이스 체다치즈와
부순 나초를 올려 마무리.

으깬 감자볶음

매쉬드포테이토의 또 다른 변신?

허브와 마늘향이
고소한 감자와 잘 어우러져요.

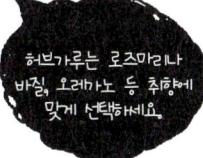

🌙 1인분

필수 재료
감자(1개), 마늘(1쪽), 허브가루(약간), 버터(1)
양념
소금(0.2), 후춧가루(약간)

허브가루는 로즈마리나
바질, 오레가노 등 취향에
맞게 선택하세요

1 감자는 소금(0.2)과 물을 넣어
  삶은 뒤 껍질을 벗겨 으깨고,

2 마늘은 얇게 썰고,

3 볼에 으깬 감자와 허브가루,
  후춧가루(약간)를 넣어 버무리고,

부족한 간을
소금으로 맞추세요

4 달군 팬에 버터를 넣고 반쯤 녹으면
  마늘을 넣어 볶아 향을 낸 뒤 으깬
  감자를 넣고 저어 가며 조금 더
  볶아 마무리.

조개가 맥주를 만났을 때

비린내는 잡고 시원함이 가득

조개를 소스에 찍어 먹은 다음
시원한 국물을 마시면 크으~

🌙 2인분

바지락을 사용해도 좋아요.

필수 재료
모시조개(3컵), 레몬(2개), 맥주(500ml)

선택 재료
마늘(4쪽), 로즈마리(1줄기)

레몬소스
레몬즙(2=레몬 ½개 분량)+허브가루(약간)

치즈소스
슬라이스 체다치즈(2장)+우유(2)

옅은 소금물에 담근 뒤 검은 비닐봉지를 씌워 2시간 정도 냉장실에서 해감해요.

1 해감한 모시조개는 체에 밭쳐 물기를 제거하고.

2 마늘은 얇게 썰고, 레몬은 깨끗이 씻어 껍질째 2~4등분하고.

3 냄비에 모시조개와 마늘, 레몬, 로즈마리를 넣고 맥주를 붓고.

치즈소스는 적당히 찢은 체다치즈에 우유(2)를 섞어 전자레인지에 40초 정도 녹여주세요.

마지막에 위에 뜬 거품을 걷어내세요.

4 조개 입이 벌어질 때까지 센 불로 끓이고.

5 레몬소스와 **치즈소스**를 만들어 맥주조개탕에 곁들여 마무리.

고구마군만두

고구마는 포실, 치즈가 쭈욱

당면 대신 고구마와 치즈가 들어간
담백한 만두, 너무 좋아요~

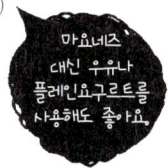

4개 분량

필수 재료
삶은 고구마(1개), 통조림 옥수수(3), 슈레드 모차렐라치즈(4), 만두피(4장)
양념
마요네즈(1)

마요네즈
대신 우유나
플레인요구르트를
사용해도 좋아요.

수분이 많은 고구마라면
마요네즈를 생략해도
좋아요. 부드러운 농도가
되도록 조절하세요.

만두피 가장자리에
물을 묻히면
잘 붙어요.

1 삶은 고구마는 껍질을 벗겨 으깨고,

2 으깬 고구마에 통조림 옥수수(3)와 슈레드 모차렐라치즈(4), 마요네즈(1)를 넣어 버무리고,

3 만두피에 고구마속을 채운 뒤 반으로 접어 만두 모양으로 빚고,

4 식용유(1)를 두른 팬에 올려 중약 불로 노릇하게 구워 마무리.

마늘빵

바로 구워 더 맛있는

만들기 너무 쉬운 마늘빵,
이제 사먹지 말아요!

🌙 미니 바게트 한 개 분량

필수 재료
미니 바게트(1개)

선택 재료
파슬리가루(0.2)

소스
다진 마늘(2)+마요네즈(1.5)+꿀(2)+올리브유(4)+소금(약간)

마늘(4~5쪽)을 다져서 준비하세요.

1 소스는 잘 섞어 두고.

2 미니바게트는 한입 크기로 썰고.

3 볼에 소스와 바게트, 파슬리가루를 넣어 고루 버무리고.

4 180℃로 예열한 오븐에서 6~7분 정도 노릇하게 색이 날 정도로 구워 마무리.

약한 불로 달군 마른 팬에 올려 볶듯이 저어 가며 노릇하게 구워도 좋아요.

매콤한 김말이

집에서 튀겨 더욱 안심

매콤한 면이 튀김의 느끼함을 잡아줘요!

🌙 8개 분량

필수 재료
비빔면(1봉), 김(2장), 튀김가루(3)
튀김반죽
튀김가루(4)+달걀(1개)+물(2)

1 끓는 물에 비빔면 사리를 넣어
  삶고,

2 면을 찬물에 헹궈 물기를 뺀 뒤
  동봉된 소스를 넣어 버무리고,

3 김을 4등분하고 비빔면을 올려
  돌돌 말고,

4 마른 튀김가루(3)를 가볍게 묻힌 뒤
  튀김반죽을 입히고,

5 180℃로 예열한 식용유(3컵)에
  노릇하게 튀겨 마무리.

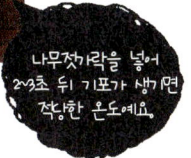

나무젓가락을 넣어
2~3초 뒤 기포가 생기면
적당한 온도예요

165

고구마버무리

위에 부담 없는 간식

촉촉한 바나나와 꿀 덕분에
퍽퍽하지 않아요

🌙 1인분

필수 재료

삶은 고구마(1개), 바나나(½개), 카스텔라(½개)

선택 재료

견과류(2), 꿀(1), 계핏가루(약간)

양념

소금(약간)

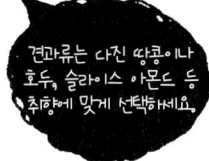

견과류는 다진 땅콩이나 호두, 슬라이스 아몬드 등 취향에 맞게 선택하세요.

고구마의 당도와 수분 양에 따라 차이가 날 수 있으니 단맛은 꿀로 농도는 플레인 요구르트를 추가하여 조절하세요.

1 삶은 고구마는 껍질을 벗겨 으깨고,

2 바나나를 작게 썰어 고구마와 섞고,

3 견과류와 꿀, 계핏가루, 소금을 넣어 한 번 더 섞고,

4 카스텔라는 체에 걸러 보슬보슬한 가루로 준비하고,

5 고구마를 한입 크기로 빚어 카스텔라가루에 굴려 마무리.

아몬드 토르티야 칩

맥주를 부르는 웰빙칩

감자칩보다 더 바삭하고 고소해요!

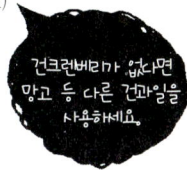

16개 분량

필수 재료
아몬드(4), 토르티야(6인치×2장), 꿀(2), 흑설탕(1)
선택 재료
건크랜베리(2)

> 건크랜베리가 없다면
> 망고 등 다른 건과일을
> 사용하세요.

1 아몬드와 건크랜베리는 굵게
　다지고,

2 토르티야(1장)에 꿀(1)을 넓게 펴
　바른 뒤 흑설탕(0.5)을 고루 뿌리고,

3 다진 아몬드와 건크랜베리를 섞어
　뿌리고,

4 가위로 8등분하여 오븐 팬에
　올리고,

> 노릇하게
> 색이 나면
> 오븐에서 꺼내요.

5 200℃로 예열한 오븐에 5분간
　구운 뒤 식혀 마무리.

169

순한 감자수프

따뜻하고 부담 없는 야참

포근하고 고소한 수프로 출출한 밤을
이겨내자고요!

1인분

필수 재료
감자(1개), 버터(1), 우유(1⅓컵), 슬라이스 체다치즈(1장)
양념
소금(0.2), 후춧가루(약간)

양파⅓개를 채 썰어 함께 넣어도 좋아요.

1 감자는 껍질을 벗겨 곱게 채 썰고,

2 팬에 버터를 넣어 반쯤 녹으면 감자를 넣어 저어가며 중약 불로 볶고,

3 감자가 투명해지면 우유를 부어 끓이고,

감자의 씹는 식감이 싫다면 치즈를 넣기 전 믹서에 간 뒤 다시 팬에 옮겨 끓여요.

4 끓어오르면 약한 불로 줄여 감자가 푹 무를 때까지 조린 뒤 슬라이스 체다치즈를 넣어 녹이고,

5 소금(0.2), 후춧가루로 간을 맞춰 마무리.

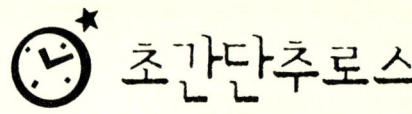

초간단추로스

시나몬향이 솔솔

쫄깃바삭한 맛이 시중에서 파는 추로스
못지 않아요!

🌙 20개 분량

필수 재료

갈색설탕(5), 계핏가루(1.5), 만두피(20장)

1 갈색설탕과 계피가루는 넓은 그릇에 담아 섞고,

2 만두피는 한쪽 면에 물을 바르고,

3 만두피의 ¾ 부분에 계피설탕을 묻혀 안쪽으로 말려 들어가게 돌돌 말고,

> 설탕을 전체에 다 바르면 돌돌 말았을 때 풀릴 수 있어요

4 160℃로 달군 식용유(2컵)에 노릇하게 튀기고,

> 나무젓가락을 넣었을 때 4~5초 뒤 기포가 모여들면 적당한 온도예요.

5 튀긴 만두피는 계피설탕에 한 번 더 굴려 마무리.

> 만두피 겉에 설탕을 묻혀 튀기면 설탕이 녹아 타기 쉬워요.

> 금방 딱딱해지니 만들어서 바로 드세요

사바파이

사먹는 애플파이 저리 가라

집에 굴러다니는 사과와 바나나의
기특한 변신!

☾ 10개 분량

필수 재료
사과(1개), 바나나(1개), 춘권피(10장)
선택 재료
계핏가루(0.3), 슬라이스 아몬드(3)
양념
버터(1), 꿀(4), 소금(약간)

1 사과와 바나나는 껍질을 벗겨
  작게 썰고,

2 약한 불로 달군 냄비에 버터(1)를
  반 이상 녹여 사과를 볶고,

3 사과에서 수분이 빠져나와
  촉촉해지면 바나나, 꿀(3),
  계핏가루(0.3), 소금(약간)을 넣고,

춘권피가
풀리지 않도록
양 끝에 꿀(1)을 조금씩
발라가며 마무리
해세요.

4 나무 주걱으로 저어 가며 조려
  끈적끈적해지면 슬라이스 아몬드를
  넣고,

5 춘권피에 과일조림을 얹어 양쪽을
  접어 돌돌 말고,

6 달군 팬에 앞뒤로 노릇하게 구워
  마무리.

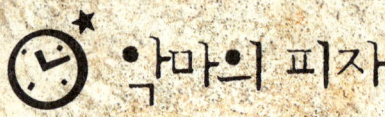# 악마의 피자

고소한 땅콩버터와 달콤한 초콜릿이 듬뿍

나를 시험에 들게 하는 디저트! 왜 맛있는
건 칼로리가 높을까요?

1인분

필수 재료
바나나(½개), 토르티야(6인치 1장), 땅콩버터(1.5),
슈레드 모차렐라치즈(⅓컵), 초콜릿시럽(2)
선택 재료
슬라이스 아몬드(2)

1 바나나는 도톰하게 썰고,

2 토르티야에 땅콩버터를 얇게 펴
바르고,

3 바나나를 올린 뒤 슈레드
모차렐라치즈를 뿌리고,

초콜릿시럽 대신
판초콜릿을 잘게 잘라
올려도 좋아요.

4 슬라이스 아몬드와 초콜릿시럽을
뿌리고,

5 190℃로 예열한 오븐에서
6~7분간 노릇하게 구워
마무리.

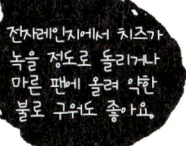

전자레인지에서 치즈가
녹을 정도로 돌리거나
마른 팬에 올려 약한
불로 구워도 좋아요.

 # 갈릭피자

마늘향과 치즈, 꿀 3박자가 착착

고르곤졸라치즈 없이도
레스토랑에서 먹는 맛이 나요!

🌙 1인분

필수 재료
마늘(2~3쪽), 토르티야(6인치 1장), 슈레드 모차렐라치즈($\frac{1}{2}$컵), 꿀(1.5)

선택 재료
호두(1개)

1 호두는 굵게 다지고.

2 마늘은 곱게 다져서 식용유(1)를 두른 팬에서 약한 불로 갈색이 날 때까지 볶고.

3 토르티야 위에 볶은 마늘을 펴 바른 뒤 호두와 치즈를 뿌리고.

4 190℃로 예열한 오븐에서 6~7분간 노릇하게 구워 꿀을 곁들여 마무리.

마른 팬에 올려 뚜껑을 닫고 약한 불로 구워도 좋아요.

명란마요피자

진한 명란의 풍미

명란젓의 짭잘한 맛과 스위트 옥수수의 달콤함,
치즈의 쫄깃한 맛을 한 번에 즐겨보세요.

☾ 1인분

필수 재료
명란젓(0.5), 마요네즈(1.5), 토르티야(6인치 1장),
슈레드 모차렐라치즈(½컵)

선택 재료
통조림 옥수수(3)

1 명란젓(0.5)은 알만 발라
마요네즈(1.5)와 고루 섞고,

2 토르티야에 명란젓과 마요네즈
섞은 것을 고루 펴 바르고,

3 옥수수와 슈레드 모차렐라치즈를
뿌리고,

전자레인지에서 치즈가
녹을 정도로 돌려도 좋고,
마른 팬에서 약한 불로
익혀도 좋아요.

4 190℃로 예열한 오븐에서 6~7분
정도 구워 마무리.

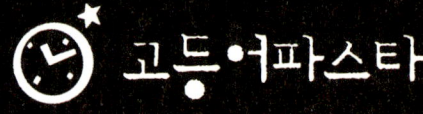

고등•어파스타

비리지 않아요

유명한 레스토랑인 그란구스또의 시그니처 메뉴죠.
생각보다 만들기 쉽고 정갈한 맛이 일품이에요.

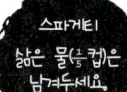

1인분

필수 재료
스파게티(1줌), 마늘(3쪽), 자반고등어(1토막=150g)

선택 재료
청양고추(½개)

양념
소금(0.6), 후춧가루(약간)

스파게티
삶은 물(½컵은
남겨두세요.

1 물을 넉넉히 끓여 소금(0.5)을 넣고
  스파게티를 7분간 삶아 건지고,

2 마늘과 청양고추는 얇게 썰고,

3 팬에 올리브유(1.5)를 두른 뒤
  고등어를 구워 익으면 가시를
  제거하고, 살을 굵게 으깨 건지고,

4 팬에 올리브유(1)를 두른 뒤 마늘을
  넣어 약한 불로 볶다가 면을 넣어
  살짝 더 볶고,

5 청양고추와 고등어를 넣어 섞은 뒤
  퍽퍽하면 면 삶은 물을 조금씩 넣어
  촉촉하게 만들고, 소금(0.1)과
  후춧가루로 간을 맞춰 마무리.

183

라면땅와플

달콤바삭한 라면와플

와플 팬과 반죽 없이 라면만으로
바삭한 와플을 먹을 수 있어요!

2인분

필수 재료
라면 사리 (1개), 아이스크림(½컵)
선택 재료
체리(5개), 블루베리(½컵)
양념
꿀(1.5)

포도, 딸기 등을 사용해도 좋아요.

꿀 대신 아가베시럽이나 메이플시럽을 사용해도 좋아요.

젓가락으로 가장자리를 정리하며 둥글게 모양을 잡아 구워요.

1 끓는 물에 라면을 넣고 반 이상 익으면 체에 밭쳐 물기를 빼고,

2 중간 불로 달군 팬에 식용유(2)를 두른 뒤 데친 면을 올려 앞뒤로 노릇하게 굽고,

3 접시에 바삭하게 구운 면을 담고 꿀(1.5)을 뿌리고,

4 체리와 블루베리를 올려 장식하고 아이스크림을 올려 마무리.

호떡이 매콤해

느끼하지 않아 더 맛있는

남대문 김치호떡의 업그레이드 버전!
치즈까지 넣어 별미예요.

◗ 6개 분량

필수 재료
시판 호떡믹스(1봉), 김치(⅔컵), 통조림 옥수수(½컵),
슈레드 모차렐라치즈(6)

선택 재료
베이컨(2장)

양념
버터(2), 설탕(0.2)

1 호떡 믹스는 포장지 설명을
참고하여 반죽하고,

2 베이컨을 작게 썰고, 김치는 양념을
털어낸 뒤 잘게 다지고,

설탕이 김치의
신맛을 잡아줘요

3 달군 팬에 버터(0.5)를 넣고
반쯤 녹으면 다진
김치와 설탕(0.2)을
넣어 볶고,

버터는 발연점이 낮아
타기 쉬우니 식용유와 섞어
사용하면 고소한 풍미는
살리면서 빨리 타지 않아요

4 김치가 부드러워지면 베이컨과
통조림 옥수수를 넣어 조금 더 볶아
건진 뒤 모차렐라치즈와 섞고,

5 호떡 반죽을 6등분해 오목하게
벌리고 김치치즈소를 넣고 오므려
둥글게 빚고,

6 식용유(1)와 버터(1.5)를 두른 팬에
반죽을 얹어 주걱으로 눌러 가며
노릇하게 구워 마무리.

누룽지피자

빵 없이 만드는 든든한 야식

남은 찬밥, 자투리 채소들이 모여
훌륭한 피자가 되네요!

☾ 1인분

필수 재료
찬밥(⅔공기), 달걀(1개), 슈레드 모차렐라치즈(⅓컵), 케첩(1.5)
선택 재료
방울토마토(3개), 햄(⅓컵)
양념
소금(0.2), 후춧가루(약간)

> 남은 양파나 피망 베이컨, 두부 등을 사용해도 좋아요.

1 방울토마토는 2등분하고, 햄은 작게 썰고,

2 찬밥에 달걀과 양념, 햄을 넣어 버무리고,

3 팬에 식용유(1.5)를 두른 뒤 달걀에 버무린 밥을 올려 주걱으로 도톰하고 둥글게 모양을 정리해가며 중약 불로 굽고.

> 방울토마토와 치즈를 올린 뒤 190℃로 예열한 오븐에 넣어 치즈가 노릇해질 때까지 구워도 좋아요.

4 한쪽 면이 노릇하게 익으면 뒤집어 방울토마토와 슈레드 모차렐라치즈를 올리고 뚜껑을 덮어 중약 불로 굽고,

5 바닥이 익고 치즈가 녹으면 케첩을 뿌려 마무리.

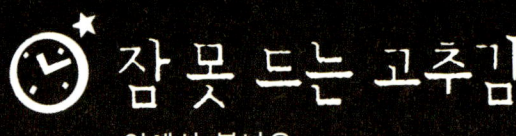

잠 못 드는 고추김밥

입에서 불나요

매콤한 고추김밥으로
일상의 스트레스 빵빵 날려 봐요!

🌙 1인분

필수 재료
밥(1공기), 통조림 햄(⅓캔=25g), 청양고추(1개), 달걀(1개), 김밥용 김(1장)
밑간
소금(0.1), 참기름(1), 통깨(0.1)
양념
소금(약간)

1 밥은 **밑간**에 버무리고.

2 햄은 길게 썰고, 고추는 길게 반 갈라 씨를 제거한 뒤 채 썰고.

3 달걀은 소금(약간)을 넣고 곱게 풀어 지단을 부쳐 햄과 비슷한 크기로 썰고.

4 식용유(0.5)를 두른 뒤 햄을 올려 노릇하게 구워 건지고.

김 끝에 밥알을 으깨 묻히거나 물을 살짝 발라 마무리해요.

김의 거칠거칠한 면이 위로 오도록 놓고 재료를 올려요.

5 김의 ⅔ 분량에 밥을 깔고 햄과 달걀지단, 청양고추를 올린 뒤 돌돌 말고.

6 먹기 좋은 크기로 썰어 마무리.

인덱스 i · n · d · e · x

밥차
심야식당